SH-IV-100

Uwe Barschel · Schleswig-Holstein

Uwe Barschel

Schleswig-Holstein

Land mit Vergangenheit
Land mit Zukunft

Karl Wachholtz Verlag Neumünster

CIP-Kurztitelaufnahme der Deutschen Bibliothek
Barschel, Uwe:
Schleswig-Holstein: Land mit Vergangenheit,
Land mit Zukunft / Uwe Barschel.
Neumünster: Wachholtz, 1986
ISBN 3-529-07207-9

Abbildungsnachweise:
Seite 12/13: Michael Engler, Hamburg
Seite 52/53: Dr. Uwe Muuß, Altenholz (Freig.-Nr. SH 2289-151)
Seite 94/95: H. Dietrich Habbe, Molfsee
Seite 130/131: Drägerwerk AG, Lübeck
Vorsatz vorn: Schleswig-Holstein 1652, aus Danckwerth
Vorsatz hinten: Zeichnung Erwin Raeth, Kiel

Umschlagentwurf: Quadrat-Design, Kiel
ISBN 3 529 07207 9
© Karl Wachholtz Verlag Neumünster, 1986

Inhalt

Einführung

Das geschichtliche Erbe Schleswig-Holsteins

Das Land zwischen Nord- und Ostsee 14
Die Vielfalt der Stämme, Völker und Herrscher 16
Schleswig und Holstein auf dem Weg zur Einheit 20
Ein Wirtschaftsraum entsteht 32
Ein Land gewinnt Gestalt 38
Vom Ständestaat zur parlamentarischen Demokratie 43

Schleswig-Holsteins Aufbruch in die Gegenwart

Die Lage im Jahr 1945 54
Schleswig-Holstein wird demokratisches Bundesland 55
Eine leistungsfähige Verwaltung 60
Gesellschaftlicher und sozialer Neubeginn 65
Von der „Agrarprovinz" zum modernen
Industrie- und Dienstleistungsland 70
Neue Grundlagen für Bildung und Kultur 78
Schutz von Küsten und Natur 86
Brücke zwischen Mittel- und Nordeuropa 88
Parteien und Fraktionen 90

Schleswig-Holstein heute

Schleswig-Holstein als Heimat 96
Soziale Gemeinschaft 103
Arbeit und Wirtschaft 108
Bildung und Freizeit 115
Von örtlichen Problemen bis zu europäischen Perspektiven ... 123

Schleswig-Holstein morgen

Leben in kleineren Gemeinschaften 133
Arbeit in einer sich wandelnden Wirtschaft 138
Neue Aussichten durch Technologie und Forschung 145
Zukunft ohne Natur oder Natur ohne Zukunft? 150
Politik auf europäischer und internationaler Ebene 155
Erfülltes Leben 160

Der Autor

Einführung

Schleswig-Holstein ist ein schönes Land und läßt sich nur schwer beschreiben – man muß es erleben, um seine Reize und seinen Reichtum kennen- und schätzenzulernen. Wie muß das Land mit seiner schwierigen Geschichte heute beurteilt werden, und was kann es aus seiner Zukunft machen?
Da ist die reiche Naturlandschaft zwischen Ostsee und Nordsee, Wattenmeer und Holsteinischer Schweiz, von der Elbe bis zu den Förden. Ihr steht die Kulturlandschaft nicht nach mit Reetdächern und Klinkerbauten, Herrenhäusern und Katen, Domen und Schlössern, Gehöften, verträumten Städten und Plätzen. Was Bauern und Handwerker, Künstler und Baumeister geschaffen, Adel, Patrizier, Kaufleute, Bürger bewirkt, Theologen, Geistes- und Naturwissenschaftler überliefert haben, muß als großes Vermächtnis erhalten bleiben. Die Epochen der Geistes- und Kulturgeschichte, Wirtschaft, Politik, Technik und Sozialgeschichte haben hier tiefe und unverwechselbare Spuren hinterlassen. Schwansen, Eiderstedt, Dithmarschen, Wagrien, Lauenburg, Angeln oder Probstei bieten den Menschen ein vielfältiges Zuhause. Zwischen Völkerwanderung und Gegenwart spannt sich der Bogen der niedergelegten Geschichte, die Aufschluß gibt über die Menschen, die hier gelebt, hier Höhen und Tiefen erlebt haben.
Mit meiner gedrängten Darstellung lade ich den Leser ein, unser Land Schleswig-Holstein näher zu betrachten. Ihn erwartet weder eine neue Historie noch eine chronologische Aufzählung aller wichtigen Ereignisse. Der Leser sucht vergebens nach Literaturangaben oder weiterführenden Hinweisen. Die Quellen sind bekannt, die als Unterlagen verwendet wurden. Anhand allgemein bekannter Probleme werden persönliche Überlegungen zu ihrer Bewältigung angestellt.
Das Buch wendet sich an alle Schleswig-Holsteiner, die mehr über ihren Lebensraum erfahren möchten und an meiner Sichtweise über seine Entstehung, seine Probleme heute und seine künftige Entwicklung interessiert sind. Ich habe versucht, so zu schreiben, daß fortgeschrittene Schüler sich ebenso angesprochen fühlen können wie landeskundlich interessierte Bürger, daß der Neubürger einen Überblick über seine neue Umgebung und auch der heimatbewußte Schleswig-Holsteiner Anregungen zu vielleicht neuen oder ungewohnten Betrachtungen

über sein Land erhält. Ebenso wende ich mich an alle, die als Feriengäste Schleswig-Holstein als Reiseziel wählen und mehr über das Land lernen oder es besser verstehen wollen. Mit diesem Buch wende ich mich auch an jene, die einen ersten Überblick über Schleswig-Holstein gestern, heute und morgen gewinnen möchten. Dieser Adressatenkreis und mein Wunsch, eine kurze und leicht lesbare Darstellung anzubieten, machten es erforderlich, auf viele Details, weiterführende Vertiefungen zu verzichten und manche, vielleicht unbefriedigende Vereinfachung zu wagen.

Das *erste Kapitel* ist der Geschichte Schleswig-Holsteins gewidmet. Dabei ging es mir darum, die wesentlichen Grundlagen der Entwicklung unseres Landes aufzuzeigen. Der mit Schleswig-Holstein vertraute Leser wird Bekanntes wiederfinden; möglicherweise aus einer ihm noch unbekannten Sicht. In einer Gesamtschau beschreibe ich
– die besonderen naturräumlichen Grundlagen zwischen Nord- und Ostsee,
– die Vielfalt, die das Land prägt,
– die kolonisatorische und wirtschaftliche Erschließung,
– die Wurzeln des freiheitlichen Lebens und
– die territoriale Gestaltwerdung Schleswig-Holsteins.

Das Jahr 1945 bedeutet einen tiefen Einschnitt für Schleswig-Holstein. Hatte sich die drohende Katastrophe in dem Jahrzehnt davor bereits angekündigt, brach sie nunmehr mit elementarer Gewalt über Land und Leute herein. Deshalb habe ich hier eine Zäsur vorgenommen. Ich will verdeutlichen, daß mit den Jahren 1945 bis 1947 in Schleswig-Holstein stärker noch als in anderen Ländern ein neuer Abschnitt begann. In den vier Jahrzehnten bis heute wurden die entscheidenden Grundlagen geschaffen, auf denen wir unsere Probleme heute und morgen meistern können. Dies ist der Inhalt des *zweiten Kapitels,* dessen Schwerpunkt in der Darstellung der Ausgangssituation nach 1945 und in den Bemühungen liegt, zunächst die wirtschaftliche, soziale, ideelle und kulturelle Notsituation zu bewältigen. Das Entstehen des demokratischen Bundeslandes wird ebenso beschrieben wie der Aufbau einer leistungsfähigen Verwaltung. Naturgemäß spielt die Sozialpolitik in diesen Jahren eine besondere Rolle. Sie war in eine gezielte Wirtschaftspolitik eingebettet, die den Übergang zur modernen Industrie- und Dienstleistungsgesellschaft ermöglichte. Die politischen Maßnahmen dienten der Daseinsvorsorge der Menschen, wie auch der Küstenschutz und die Anfänge der Umweltpolitik oder das kontinuierlich ausgewei-

tete Angebot in Bildung und Ausbildung, Erwachsenenbildung und Kultur. Ich will auch die herausragende Rolle Schleswig-Holsteins als Brücke zwischen Mittel- und Nordeuropa besonders würdigen.
Welchen Stand haben wir gegenwärtig erreicht? Dieser Frage gehe ich im *dritten Kapitel* nach. Da der Mensch im Mittelpunkt der Daseinsgestaltung steht, wurde auf eine Betrachtungsweise verzichtet, die einer Gliederung nach Fachressorts entspricht. Vielmehr soll der Leser jene Bereiche wiederfinden, die ihn ganz unmittelbar berühren:
– die Heimat mit der Natur-, Kultur- und Geschichtslandschaft Schleswig-Holsteins, mit dem Schutz von Natur und Umwelt und einem breitgefächerten Kulturangebot in allen Landesteilen;
– die solidarischen Beziehungen, die sich unter den Schleswig-Holsteinern so positiv entwickelt haben, daß sie – nach der erfolgreichen Eingliederung der Vertriebenen und Flüchtlinge – zugleich den nationalen Minderheiten Raum lassen und eine soziale Gemeinschaft tragen, die versucht, allen, auch den Hilfsbedürftigen, Geborgenheit zu geben;
– die Chancen, die sich dem einzelnen in allen Bereichen der Bildung – in Schule, beruflicher Bildung, Hochschule, Erwachsenenbildung – sowie bei der Freizeitgestaltung eröffnen;
– die Möglichkeiten bürgernahen politischen Wirkens in einer Region, die von der innerdeutschen Grenze belastet, aber andererseits von der europäischen Perspektive beflügelt wird.

Das historisch Gewachsene, das seit 1945 Erreichte und die Grundlagen unseres jetzigen Gemeinwesens prägen das moderne Gesicht Schleswig-Holsteins. Darauf müssen auch künftige Entwicklungen aufbauen. Niemand vermag mit Gewißheit vorherzusagen, was die Zukunft für uns bereithält. Vieles jedoch zeichnet sich bereits jetzt in Umrissen ab. Auf diese Fragen gehe ich im *vierten Kapitel* ein. Es befaßt sich mit den Herausforderungen, die uns erwarten angesichts des vorhersehbar dramatischen Rückganges der Bevölkerung in unserem Land, der neuen Stellung von Arbeit in einer sich wandelnden Wirtschaft, der teilweise revolutionierenden Entwicklung im Bereich der Forschung und der Technologien, der immer wichtiger werdenden Bemühungen um eine gesunde Umwelt, der enger zusammenrückenden Staaten auf europäischer und internationaler Ebene und der Suche nach Sinnfragen des Lebens.
Da viele dieser Entwicklungen mindestens für die Zeit nach 2000 nicht genau abschätzbar sind, können auch weniger Lösungen als vielmehr

Problemhinweise gegeben werden. Wo immer eine Antwort ansatzweise möglich erscheint, möchte ich aus ganz persönlicher Sicht hierzu Stellung nehmen. Diese Arbeit ist natürlich keine Regierungserklärung und auch kein Parteiprogramm. Wohl aber will sie einladen zu einer unvoreingenommenen Betrachtung unserer Lage heute, unserer Chancen und Probleme. Bei der Suche nach Antworten können wir auf die vorhandenen und erprobten Kräfte in unserem Land, auf die bewiesene Leistungsfähigkeit und auf den Willen zur Zukunftsgestaltung vertrauen. Wir werden Zeiten des Um- und Aufbruches erleben, in denen mehr denn je schöpferische Unruhe und persönlicher Einsatz gefragt sein werden. Vieles wird sich in einem Spannungsfeld bewegen zwischen Anforderungen, mit denen der einzelne Bürger, die sozialen und wirtschaftlichen Gemeinschaften selbst fertig werden müssen, und solchen, die nur die Politik beantworten kann. Mehr denn je werden wir phantasievolle Antworten und kreatives Handeln benötigen. Stärker denn je werden wir in unserer persönlichen Lebensgestaltung und im öffentlichen Auftreten an Kriterien der Moral und der Verantwortungsethik gemessen werden. Ich bin zuversichtlich, daß wir diesen Herausforderungen begegnen können.

Natürlich habe ich mich auch gefragt, ob es nicht sinnvoller gewesen wäre, über die Entwicklung Schleswig-Holsteins ausschließlich zu berichten, oder nur über seine Probleme in Gegenwart und Zukunft zu schreiben. Sicher hätte dann manches vertieft und zusätzlich aufgenommen werden können. Aber mir geht es gerade auch darum, daß der Leser versteht, warum Schleswig-Holstein heute so ist, wie es ist, und warum diese über 1000 Jahre gewachsenen Strukturen in jeder Politik berücksichtigt werden müssen. Politisches Denken darf nicht nur gegenwartsbezogen sein. Politisches Handeln hat das übernommene Erbe zu berücksichtigen, muß sich mit ihm auseinandersetzen, um verantwortungsbewußt den Weg in die Zukunft vorbereiten zu können. Eine stärker geschichtsbewußte Betrachtung läßt manchen aufgeregten Tagesstreit der aktuellen Politik als Bagatelle erscheinen. Sie macht den Blick frei für Themen, die wirklich bedeutend, und für Entwicklungslinien, die von Dauer sind.

Wer sich in der Geschichte dieses Landes auskennt, in seinen Wurzeln, Bedingungen, Traditionen und den Betrachtungsweisen der Menschen, der wird um so eher eine Politik erwarten, die die Menschen nicht als aufgesetzt empfinden, sondern als passend. Er wird aber auch in der Lage sein, zu beurteilen, was von einem Politiker erwartet werden muß, der weiter als bis zur nächsten Wahl denkt, und er wird – wenn er nicht

in Schleswig-Holstein lebt – Land und Leute besser verstehen, für Besonderheiten Erklärungen finden und mögliche Vorurteile abbauen.
„Tosamende ungedelt" – das ist der Leitspruch der Ritter Schleswigs und Holsteins seit Ripen 1460. Die beiden Herzogtümer sollen zusammenstehen und durch nichts geteilt werden dürfen. Im „Up ewig ungedeelt" des Jahres 1830 wird dieser Schwur zur Schleswig-Holsteinischen Bewegung. „Tosamende ungedelt" – das kann heute als Aufforderung gelten, daß wir Schleswig-Holsteiner, die nach langem Ringen die Einheit unseres Landes als Geschenk der Geschichte erhalten haben, auch in Zukunft zusammenstehen, Toleranz und Solidarität beweisen und uns durch die kommenden Herausforderungen nicht auseinanderbringen lassen. Die staatliche Einheit des Landes ist unbestritten. Jetzt kommt es darauf an, unser Schleswig-Holstein-Bewußtsein voll einzusetzen.
Schleswig-Holstein ist ein Land mit Vergangenheit und Zukunft. Das ist eine Kurzformel für diesen Gedanken: Dieses Land ist in einer über 1000 Jahre langen Entwicklung gewachsen und hat sich nach dem Zusammenbruch 1945 in wenigen Jahrzehnten konsolidiert. Dieses Land erwartet große Chancen und Probleme schon in wenigen Jahren, in denen wir den Schritt in ein neues Jahrtausend tun. Für viele ist er gefühlsmäßig noch weit weg. Aber in nicht viel mehr als zehn Jahren ist es soweit, und schon heute müssen wir darüber nachdenken, wie es im Jahre 2000 und danach hier bei uns aussehen soll.

Das geschichtliche Erbe Schleswig-Holsteins I

Das Land zwischen Nord- und Ostsee

Der Raum und die Geschichte eines Landes sind eng miteinander verbunden. Die natürliche Landschaft, Boden, Klima, Pflanzen und Tierwelt prägen das Leben der Menschen. Wandelt sich die äußere Gestalt eines Raumes, so verändert sich häufig auch das Verhalten der in ihm lebenden Menschen. Verschiedenartige Landschaften wirken unterschiedlich auf das wirtschaftliche, geistig-kulturelle oder politische Gemeinwesen der Menschen ein. Gleichzeitig haben die Menschen selbst von frühesten Zeiten an die vorgegebene Umwelt zur Kulturlandschaft umgestaltet.

Die Geschichte der Menschen in Schleswig-Holstein ist auch ein Ergebnis dieser besonderen Landschaft. Diese Region bildet einerseits eine geographische Einheit: Sie ist im Westen und Osten durch Nord- und Ostsee, im Süden durch den breiten Elbstrom begrenzt; nach Norden hin bildet die Königsau eine eher historische Grenze. Andererseits ist Schleswig-Holstein durch seine räumliche Vielfalt gekennzeichnet: Marsch, Geest, Jungmoränenland; für die Nordseeküste sind die Watten, Halligen und Inseln typisch, für die Ostseeküste die Steilufer und die tief in das Land einschneidenden Förden.

Von besonderer Bedeutung für seine Entwicklung ist die Lage Schleswig-Holsteins als Landbrücke zwischen Mittel- und Nordeuropa. Sie diente den Völkerwanderungen, dem Kulturaustausch zwischen Mitteleuropa und Skandinavien und dem Fernhandel. In dem Maße, in dem die Schiffahrt an Bedeutung gewann, kam die Verbindungslinie zwischen Nord- und Ostsee hinzu. Der gemäßigte Sommer und milde Winter haben zur Attraktivität Schleswig-Holsteins als Siedlungsgebiet und Wohnraum und später als Urlaubsziel beigetragen. Dies gilt besonders für die Küsten, wo die Sonne häufiger scheint und es weniger regnet als im Binnenland.

Der Naturraum Schleswig-Holsteins läßt sich in folgende größere Landschaftszonen gliedern: Das Östliche Hügelland, die Niedere oder Vorgeest, die Hohe Geest und der Bereich der Marschen mit Wattenmeer, Geestinseln und Halligen.

Die Ostsee und die Endmoränen begrenzen jeweils das Östliche Hügelland. Hier liegen die höchsten Erhebungen mit dem Bungsberg (168 m) und den Hüttener Bergen (106 m). In dieser 40 bis 60 km breiten Zone liegen auch fast alle Seen des Landes. Der im Bereich der Grundmoränen entstandene hochwertige braune Waldboden erreicht Ackerzahlen bis zu 70, teilweise sogar bis zu 80, wie auf Fehmarn. Demgegenüber werden die Böden der Endmoränen mit ihren gröberen Bestandteilen zwischen 25 und 40 eingestuft. Die Buchenwälder entsprechen weitgehend auch der früheren Vegetation. Weiteres geologisches Merkmal der schleswig-holsteinischen Ostseeküste sind die sechs Förden: Flensburger Förde, Schlei, Eckernförder Bucht, Kieler Förde, Hemmelsförde und Traveförde schneiden tief ins Land hinein. Sie untergliedern das Östliche Hügelland gleichzeitig in die Landschaften Angeln, Schwansen, Dänischer Wohld, Probstei, Wagrien und Lauenburg. Im Westen geht das Östliche Hügelland in die Sanderebenen der Niederen Geest über. Die Sanderlandschaft oder Vorgeest, sanft nach Westen geneigt, hat eine flachwellige Oberfläche. Die Ackerzahlen der Böden werden hier teilweise nur um 20 eingestuft. Die Landschaft hat ihre ursprüngliche Gestalt vor allem in den niedrigen Teilen stark verändert. Torfmoore siedelten sich an, Hochmoore wuchsen in die Höhe, Niederungs- oder Flachmoore bildeten sich heraus. Die großen Tideflüsse Eider, Treene und Sorge haben das Gesicht der so entstandenen Moorlandschaften zum Teil erheblich verändert.

Aus den flachen Sanderebenen steigt die Hohe Geest deutlich an. Im geologischen Werdegang wurde die oberste Bodenschicht dieser Altmoränenlandschaft zum Teil stark ausgewaschen; entsprechend sind auch die Böden hier weniger fruchtbar als etwa im Östlichen Hügelland. Gebietsweise ist rostfarbener Waldboden entstanden; die Ackerzahlen erreichen durchschnittliche Werte von 30 bis 50. Nur sehr bedingt erinnert der heutige Bewuchs an die frühere Bewaldung mit Eichen, Buchen, Hainbuchen und Birken.

Die vierte naturräumliche Landschaftszone Schleswig-Holsteins wird von den Marschen und Watten an der Nordseeküste gebildet. Hier liegt die Landoberfläche sehr tief und war seit frühesten Zeiten schon Schauplatz des Ringens zwischen Meer und Land. Schrittweise wurde die Küstenlinie nach See verschoben. Nur zögernd folgten die Menschen. Die hochliegende und fest gegründete Marsch in Eiderstedt dagegen war bereits zur römischen Kaiserzeit, um 100 n. Chr., besiedelt, ebenso das Gebiet des heutigen Wattenmeers im frühen Mittelalter, bis das Meer wieder die Oberhand gewann. Die gewaltigen Sturmfluten der Nordsee, darunter die „Mandränke" von 1362 oder die Sturmflut von 1634, ließen große Landteile untergehen. Das heutige Wattenmeer, diese großartige Naturlandschaft Schleswig-Holsteins, ist Erbe jener Naturgewalten.

An der Nordsee haben Gezeiten und Sturmfluten seit frühester Zeit die Landschaft verändert und geformt. Sie haben die Menschen immer wieder neu herausgefordert, das Marschland durch Deiche zu schützen, Sturmflutsperrwerke zu errichten, den Wattströmen ihre Gefahr durch Vordeichungen zu nehmen sowie Halligkanten und Ufer durch Befestigungen zu schützen. Die Halligen selbst sind naturlandschaftliche Merkmale dieser Region. Die Marschböden zählen zu den wertvollsten Ackerböden des Landes. Allerdings muß dabei zwischen der gut entwässerten, ackerfähigen und der schlecht entwässerten Marsch unterschieden werden. Häufig ist die Art der landwirtschaftlichen Nutzung der Marschböden von der Höhe des Grundwasserstandes abhängig. Hohe Erträge hier haben den Marschenbauern zeitweise großen Wohlstand gebracht.
Schleswig-Holsteins naturräumliche Regionen haben – wenn auch unterschiedlich stark – die Menschen dazu herausgefordert, sich mit ihren Besonderheiten auseinanderzusetzen und sie kulturlandschaftlich zu nutzen und zu gestalten. Die naturräumlichen und die historisch gewachsenen Landschaften Schleswig-Holsteins stehen somit von früher Zeit an in ständiger Wechselbeziehung.

Die Vielfalt der Stämme, Völker und Herrscher

Weit zurück in die Vor- und Frühgeschichte reicht die Vielfalt von Völkern und Stämmen in Schleswig-Holstein. Aus den frühen Sippen und Großgruppen entstanden in der Bronzezeit mit den Sachsen, den Angeln, den Jüten und den Sueben vier bedeutende Stämme in diesem Raum. Der erste, vom alexandrinischen Gelehrten Ptolemäus festgehaltene Name für diese Region, Cimbrische Halbinsel, wurde in Anlehnung an die Cimbern gefunden, die – wie die Teutonen und Ambronen – von hier aus nach Süden aufbrachen. Der Name Amrum in Nordfriesland erinnert noch heute an jene alte Völkerschaft. Auf ihrem Zug nach Süden sollen Teile dieser drei Völker im Dithmarscher Raum landsässig geworden sein. Die Ambronen siedelten sich auf den heutigen Ost- und auch Westfriesischen Inseln an, von wo aus ihre Nachfahren gegen

750 n. Chr. auf die Nordfriesischen Inseln zurückkehrten. Die Sachsen wiederum und die bis dahin vornehmlich im östlichen Teil des heutigen Schleswig ansässigen Angeln besiedelten vom 5. Jahrhundert an die von den Römern verlassenen Britischen Inseln. Nach ihnen wurde der angelsächsische Kulturkreis benannt.

Mit der Abwanderung großer Teile der vier ursprünglich hier ansässigen Stämme in der Zeit der Völkerwanderungen tritt der Raum Schleswig-Holstein deutlich in die europäische Geschichte ein. Unmittelbare Auseinandersetzungen mindestens mit den Römern folgten. Eindeutige Gründe können nicht genannt werden, warum diese germanischen Stämme damals wanderten: Eine Klimaverschlechterung, steigender Bevölkerungsdruck und gleichzeitige Hungersnot in der Folge von Mißernten sowie Landverluste durch schwere Sturmfluten oder auch nur Abenteuer- und Eroberungslust werden genannt. Möglicherweise haben alle diese Gründe gemeinsam zu einer starken Entsiedelung dieses Raumes geführt.

Andererseits blieb diese Region attraktiv genug für die Zurückbleibenden und insbesondere für jene Völker und Gruppen, die etwa seit dem 7./8. Jahrhundert in das Land zwischen Nord- und Mitteleuropa, zwischen Ost- und Nordsee wieder einströmten. Die Wikingersiedlung Haithabu unterstreicht die Bedeutung dieser Region. In der Zeit bis etwa zum 11. Jahrhundert ließen sich im Raum Ostholstein die slawischen Stämme der Polaben und Wagrier nieder. Aus Skandinavien kamen nordgermanische Stämme nach Angeln und Schwansen. Westfriesen siedelten im Raum des heutigen nordfriesischen Wattenmeeres. Die zurückgebliebenen Sachsen gliederten sich in die Teilstämme der Dithmarscher, der Holsten und der Stormarner. Wiederum bildeten sich in dieser Zeit vier Hauptsiedlungsräume heraus: die drei Sachsengaue zwischen Elbe und Eider; östlich von Schwentine, Trave und Delvenau die slawischen Stämme; nördlich des Dänischen Wohlds die Jüten und Dänen; am westlichen Geestrand und auf den Inseln die Friesen.

Um 800 herum dehnte das fränkische Großreich sich auch nach Norden aus. Machtpolitische und missionarische Überlegungen verbanden sich bei Karl dem Großen in seinen Feldzügen gegen die Sachsen. In der Schlacht bei Bornhöved im Jahre 798 wurden die Holsten geschlagen und die Wenden als Puffer zwischen Franken- und Dänenreich genutzt. Als dieser Versuch mißlang, war Karl der Große bemüht, Nordalbingien durch einen fränkischen Brückenkopf, durch die Burg Esesfelth, am alten Heerweg und der Elbe gelegen, zu schützen.

Parallel zur Ausbreitung des Frankenreiches nach Norden verlief die Ausdehnung des dänischen Nordseereiches nach Süden. Zu dessen Schutz errichtete König Göttrik das Danewerk an der Südgrenze seines dänischen Reiches. Erst nach seinem Tode kam es zum Frieden mit den Franken und zu einer ersten Abgrenzung: Im Jahre 811 wurde die Eider südliche Grenze des dänischen Reiches. Eine zweite Grenze wurde nach Osten gegen die Slawen geschaffen: der Limes Saxoniae. Er verlief etwa auf einer gedachten Linie von Kiel nach Lauenburg/Elbe.
Beide Befestigungslinien hatten nur kurze Zeit Bestand. Einerseits drangen die deutschen Herrscher bis weit über Haithabu und das Danewerk vor, andererseits die Slawen bis weit über den Limes, sogar bis nach Ripen. Gleichzeitig überrannten die Wikinger von Norden kommend die Grenzen und eroberten dänische Herrscher große Teile der Britischen Inseln. Eine weitere Grenzziehung erfolgte, als unter Otto II. die Schlei als Grenze des Deutschen Reiches anerkannt wurde. Später verzichtete Kaiser Konrad II. auf alle Herrschaftsrechte im Schleswiger Gebiet, das in dieser Zeit als Südjütland immer enger mit Dänemark verknüpft wurde.
Insbesondere die Christianisierung – nach Osten hin auch die Germanisierung – war für diese Region eine einigende Klammer. Große historische Bedeutung erwarben sich dabei die Schauenburger Grafen: Im Jahre 1111 wurde Adolf von Schauenburg als Graf von Holstein und Stormarn vom späteren Kaiser Lothar von Supplinburg eingesetzt. Gleichzeitig entwickelte sich im Norden dieses Raumes ein weiterer Schwerpunkt: Zum Schutz des dänischen Reiches zog der Königssohn Knud Laward als Herzog von Schleswig an die Schlei. Mit dem Schauenburger Grafen in Holstein und dem Herzogtum Schleswig bildeten sich zwei Zentren heraus, die seit dieser Zeit in wechselseitigen Beziehungen, in Feindschaft und im Zusammenwirken, in unterschiedlichen Staatsgebilden oder vereint für die Geschicke Schleswig-Holsteins über Jahrhunderte maßgeblich blieben. Beide verdankten ihr Entstehen dem Bemühen der unterschiedlichen Herrscher, die abgegrenzten Machtbereiche zu sichern. Die Schauenburger griffen über die damals angelegte Sigeburg, in dessen Schutz Vicelin ein Kloster angelegt hatte, nach Wagrien hinaus. Im Jahre 1143 trat nach der Gründung Lübecks eine dritte Kraft hinzu. Sie richtete sich jedoch stärker auf den Ostseeraum aus und wurde insbesondere in dieser Eigenschaft zum Haupt der Hanse.
Die Besiedelung des Ostseeraumes von Westen führte zu neuen Auseinandersetzungen mit den Skandinaviern. Zwar konnte Waldemar II.

von Dänemark ein Ostseereich bis zum Baltikum aufbauen, in der zweiten Schlacht von Bornhöved im Jahre 1227 unterlag er jedoch dem Holstengrafen Adolf IV., der mit Lübeck und einigen norddeutschen Fürsten verbündet war. Der dänische Herrschaftsanspruch wurde auf das Gebiet nördlich der Eider eingegrenzt. Deshalb wird die Schlacht von Bornhöved oft als schicksalhaft für Schleswig-Holstein und die deutsch-dänischen Beziehungen bezeichnet.
Die Schauenburger bauten nun ihre Stellung in Holstein aus, nachdem ihre Lehnsabhängigkeit nach der Teilung des Herzogtums Sachsen 1180 ohnehin keine faktische Bedeutung mehr hatte. Gleichzeitig ordneten sie ihr Lehen völlig neu. Sie schufen einen Beamtenadel, bauten eine landesherrliche Verwaltung auf, gründeten Städte und beteiligten den Landadel an der Verwaltung. Der Ritterstand wurde, gestützt auf seine militärische Unentbehrlichkeit, erblich. Die holsteinische Ritterschaft sollte später noch eine wichtige Rolle auf dem Wege zu einem vereinten Schleswig-Holstein spielen. Parallel hierzu wurde aus Schleswig nicht nur ein geschlossenes Territorium, sondern – in der Zeit zwischen 1232 und 1252 unter Abel, dem Sohn des dänischen Königs Waldemar III. – auch ein erbliches dänisches Herzogtum.

Die neuen Schleswiger Herren gerieten bald in einen Gegensatz zu ihrem Lehnsherrn, dem dänischen König. In folgenden kriegerischen Auseinandersetzungen standen die Holsteiner Grafen auf der Seite Schleswigs. 1237 heiratete Herzog Abel eine Tochter Adolfs IV. von Schauenburg, so daß die schleswigsche und die holsteinische Dynastie nunmehr auch verwandtschaftlich verbunden waren. In diesen Jahren des 13. Jahrhunderts, in denen die Unabhängigkeit Schleswigs von Dänemark und Holsteins vom Reich immer selbstverständlicher wurde, wanderten deutsche Adlige und Kaufleute, aber auch Bauern und Handwerker in das Gebiet zwischen Eider und Schlei ein. Die niederdeutsche Sprache wurde als Klammer zwischen den unterschiedlichen Landesteilen, Herrscherhäusern und Bevölkerungsgruppem immer stärker.
Weder das Danewerk noch der Limes Saxoniae hatten ihren ursprünglich abgrenzenden Charakter bewahren können; seit den Städtegründungen im 13. Jahrhundert wurden diese Barrieren augenfällig nach Norden und nach Osten weit überschritten. Eine sehr wechselvolle Geschichte ließ auf der Landbrücke zwischen Nord- und Mitteleuropa, zwischen Nord- und Ostsee sehr unterschiedliche Völker aufeinandertreffen. Für die hier wohnenden Menschen bedeutete dies immer wie-

der neue Nachbarn, mit denen sie sich auseinandersetzen mußten, die zur Gefährdung, aber auch zur Ergänzung beitragen konnten.
Gingen auch zu verschiedenen Epochen, beispielsweise im Zeitalter des Gesamtstaates, Schleswig und Holstein überwiegend einen gemeinsamen Weg, so blieb die Vielfalt der landschaftlichen und kulturellen Äußerungen dennoch erhalten. Sie kam besonders deutlich zu Beginn des 19. Jahrhunderts, zur Zeit der schleswig-holsteinischen Erhebung und bei der Eingliederung in den preußischen Staat zum Ausdruck. Sie wirkte noch nach in den Volksabstimmungen, die 1920 zu einer Gebietsabtretung führten. Die Kieler Erklärung von 1949 und die Bonn-Kopenhagener Erklärungen aus dem Jahre 1955 trugen diesem historischen Erbe ebenso Rechnung wie eine aufgeschlossene Politik gegenüber den Minderheiten und Volksgruppen nördlich und südlich der deutsch-dänischen Grenze.
In ungeahnter Weise jedoch wurde die Fähigkeit Schleswig-Holsteins, Heimat auch für Außenstehende zu werden, durch den Ausgang des Zweiten Weltkrieges auf die Probe gestellt, als 1,5 Millionen Flüchtlinge und Heimatvertriebene hier Zuflucht suchten. Gemeinsam mit den Schleswig-Holsteinern in ihren verschiedenen Ausprägungen und Landschaften haben auch sie das kulturelle und das geistige Leben unseres Landes in seiner Vielfalt erweitert und bereichert.

Schleswig und Holstein auf dem Weg zur Einheit

Im Gegensatz zu den meisten anderen Bundesländern wurde Schleswig-Holstein im Jahre 1949 in historischen Grenzen Land der Bundesrepublik Deutschland. Der Bindestrich zwischen Schleswig und Holstein kennzeichnet eine Verbundenheit, die durch wechselvolle Geschichte geprägt und erprobt worden ist. Er steht am Ende eines jahrhundertelangen Weges, den die beiden Herzogtümer – trotz aller Vielfalt und Unterschiede – überwiegend gemeinsam zurücklegten.
Ein bestimmtes Datum läßt sich als den Beginn der Geschichte Schleswig-Holsteins nicht eindeutig festlegen. Dynastische Verbindungen

zwischen den Landesherren in Schleswig und in Holstein wurden bereits im 12. Jahrhundert geknüpft. Die Kirche war ebenso wie der Landadel eine verbindende Klammer. Zu Beginn des 14. Jahrhunderts kam es zu einer ersten Vereinigung von Holstein und Schleswig, nachdem die Holsteiner Grafen bereits größere schleswigsche Gebiete zur Pfandleihe hatten.
Zunächst schien es, als würde der dänische König, Erich Menved, die dänische Oberhoheit auch in Holstein durchsetzen. Dann jedoch wurde sein Nachfolger Christoph II. vom Holsteiner Grafen Gerhard III., unterstützt vom schleswigschen Adel, in der Schlacht am Hesterberg 1326 vernichtend geschlagen.
Diese Niederlage hatte einschneidende Folgen: Anstelle König Christophs wurde Waldemar V., der noch unmündige Neffe Gerhards III., zum dänischen König gewählt, mit dem Holsteiner selbst als Vormund. Ebenfalls im Jahre 1326 mußte sich der junge dänische König in der Constitutio Waldemariana dazu verpflichten, daß das Herzogtum Schleswig und das Königreich Dänemark niemals den gleichen Herrn haben sollten. Am 15. August 1326 schließlich wurde Gerhard III. (der Große) mit dem Herzogtum Schleswig erblich belehnt; Holstein und Schleswig waren damit zum erstenmal unter einem Schauenburger Grafen vereint.
Nach der Rückkehr Christophs auf den dänischen Thron wurde der dänische König zwar wieder Herzog von Schleswig (1330), Gerhard III. behielt jedoch die Anwartschaft auf das Herzogtum. Auch nach seinem Tod blieb das Interesse der Schauenburger an Schleswig unvermindert bestehen. Bereits damals entwickelten sich engere Beziehungen zwischen den beiden Herzogtümern von innen heraus. Dies gilt für den Adel ebenso wie für deutsche Handwerker und Kaufleute. Zunehmend breitete sich die niederdeutsche Sprache im Norden aus. In den Städten übernahm der deutsche Teil führende Positionen im kommunalen und im wirtschaftlichen Bereich.
In der Auseinandersetzung um die Vormachtstellung im Norden war Königin Margarethe von Dänemark zunächst bereit, den Schauenburgern gegenüber Zugeständnisse zu machen. Am 15. August 1386 wurde der Holsteiner Graf Gerhard VI. erblich mit dem Herzogtum Schleswig belehnt. Wiederum also waren Holstein und Schleswig unter den Schauenburgern vereint. Zehn Jahre später leistete Gerhard VI. erneut den Lehnseid, ohne daß die dänische Krone den Gedanken auf eine spätere Vereinigung des Herzogtums mit dem Königreich aufgegeben hätte.

Die Wiedergewinnung Schleswigs galt insbesondere nach 1410 als vorrangiges Ziel des dänischen Königs, der damals an der Spitze der Nordischen Union stand, die Dänemark, Norwegen und Schweden in einem Reich vereinte. Nach zum Teil sehr heftigen kriegerischen Auseinandersetzungen mußte Christoph III. allerdings am 30. April 1440 den Schauenburger Herzog Adolf VIII. erblich mit dem gesamten Herzogtum Schleswig belehnen. Zum drittenmal also vereinte ein Schauenburger Schleswig und Holstein unter seiner Landesherrschaft.
Die Erfolge der Schauenburger waren ohne die Unterstützung des holsteinischen Adels nicht denkbar. Es gelang ihm, sich ständisch zu organisieren. 1397 tagten erstmals die holsteinischen Ritter in Anwesenheit von Rittern aus dem Herzogtum Schleswig. Die Schauenburger mußten bestätigen, daß unabhängig von ihrer Erbteilungspolitik die Ritterschaft ungeteilt blieb. Diese verfassungsrechtliche Neuheit sollte für den Fortbestand der Zusammengehörigkeit Schleswigs mit Holstein von entscheidender Bedeutung werden.
Da im Jahr 1459 Adolf VIII. kinderlos starb und auch das erbliche Lehen über Schleswig erlosch, widersetzte sich die Ritterschaft der faktischen Teilung durch unterschiedliche Erbfolgen. Sie gelobte, nur einen Landesherrn für beide Teile zu wählen. Die Wahl fiel auf König Christian I. von Dänemark. Am 2. März 1460 wurde er zum Landesherrn über Schleswig und Holstein von den schleswig-holsteinischen Räten in Ripen gewählt. „Gegenleistungen" waren der Ripener Freiheitsbrief vom 5. März und die ihn ergänzende, nach Huldigung des Landesherrn durch die Ritterschaft ausgefertigte „Tapfere Verbesserung" von Kiel vom 4. April 1460. Darin wurde insbesondere den Ständen zugesichert, daß sowohl die Teilung nach dem damals üblichen fürstlichen Erbrecht als auch die Trennung der Lande künftig verhindert werden sollte. Der gewählte König und seine Erben sicherten zu, Schleswig und Holstein immer ungeteilt zusammenbleiben zu lassen („dat se bliven ewich tosamende ungedelt"). Gleichzeitig wurde die Einheit der beiden Lande in bedeutsamen Bestimmungen über gemeinsame Landtage, das Steuerbewilligungsrecht und die Heerfolge verankert.
Mit dem Ripener Freiheitsbrief wurden erstmals in der Geschichte die Voraussetzungen zur Entwicklung eines schleswig-holsteinischen Staatsgebildes geschaffen. Zwar unterstanden die einzelnen Teile einerseits dänischer, andererseits deutscher Lehnshoheit, dennoch waren das Herzogtum Schleswig und die im Jahre 1474 zum Herzogtum erhobene Grafschaft Holstein in einer Realunion, und zwar aufgrund der wichtigen gemeinsamen Einrichtungen miteinander verbunden. Die Ritter-

schaft akzeptierte König Christian I. aus dem Hause Oldenburg als neuen Landesherrn erst nach Anerkennung der Landesrechte in Schleswig und Holstein durch ihn, und sie huldigten ihm ausdrücklich nur als Person. Zunächst jedoch schien es, als würden Schleswig und Holstein wieder nur eine kurze Strecke Wegs gemeinsam zurücklegen: Bereits dreißig Jahre später kam es zu einer ersten Teilung der Herrschaft. Damals stimmten die Stände, in Anerkennung des fürstlichen Erbrechts, der Entstehung eines königlichen (Segeberger) und eines nicht-königlichen (Gottorfer) Landesteiles im Herzogtum Holstein zu. Wiederum dreißig Jahre später, im Jahre 1523, erfolgte die Wiedervereinigung, als mit Friedrich I. aus der Gottorfer Linie ein neuer dänischer König gekrönt wurde. In seiner Regierungszeit wurde in beiden Herzogtümern die Reformation eingeführt. Sie festigte durch eine gemeinsame Kirchenverfassung den engeren Zusammenschluß. Ebenfalls einigend wirkte sich die Verbreitung der deutschen Kultur und der deutschen Kirchensprache aus. Nur im nördlichen Schleswig blieb die Kirchensprache Dänisch.
Im Jahre 1544 erfolgte die nächste Teilung, als König Christian III. für sich den Sonderburger Anteil wählte und seinen beiden Brüdern den Gottorfer und den Haderslebener Anteil überließ. Die Teilungen erfolgten so, daß jeder der Regenten Steuereinnahmen in gleicher Höhe erzielen konnte. Die gebietsmäßige Aufteilung in Querstreifen über beide Herzogtümer unterstrich dabei deren Zusammengehörigkeit. Auch blieben Rechtsprechung, Steuer- und Heerwesen einheitlich. Ebenfalls die Klöster und Städte verblieben im gemeinschaftlichen Besitz und wahrten so die Einheit des Ganzen. Als im Jahre 1580 Herzog Johann der Ältere von Hadersleben kinderlos starb, wurde sein Anteil zwischen den beiden übrigen Linien geteilt. Seitdem gab es in Schleswig-Holstein zwei regierende Landesherren: Friedrich II. und seine Nachkommen auf dem dänisch-norwegischen Thron (der sogenannte königliche [oder segebergische] Anteil) und die Nachkommen des Herzogs Adolf, die in Gottorf regierten (der sogenannte herzoglich-gottorfische Anteil).
Besondere Erwähnung verdient die spezielle Entwicklung im Raum Barmstedt-Elmshorn an dieser Stelle. Nach dem Aussterben der Pinneberger Nebenlinie der Schauenburger, die 1460 bei der Wahl Christians zum Landesherrn übergangen worden war, kaufte der dänische Statthalter Graf Christian von Rantzau den herzoglich-gottorfischen Anteil an der Pinneberger Herrschaft. 1650 erhob der Kaiser Rantzau in den

Reichsgrafenstand. Damit wurde die kleine Grafschaft Rantzau aus dem holsteinischen Lehen ausgegliedert und – ebenso wie dieses – unmittelbar dem Reich unterstellt. Erst 1726, nach dem Tod des letzten Reichsgrafen Christian Detlef von Rantzau, fiel die Grafschaft an den dänischen König als Teil seines holsteinischen Gebietes.

Vor allem im 17. Jahrhundert betrieben der dänische König und der Gottorfer Herzog eine Politik, die in Schleswig und Holstein eher auf ein Gegeneinander als auf ein Miteinander zielte. Durch Landgewinnung an der Nordsee versuchten beide, ihr Gebiet zu erweitern. Ihre wirtschaftliche und politische Macht wollten sie durch den Bau von Festungen, von Städten, die wie Glückstadt und Friedrichstadt dem Handel und Gewerbe dienten, sowie durch Teilhabe am überseeischen Handel stärken.

Über den Gottorfer Hof wurden damals die im übrigen Deutschland jeweils lebendigen geistigen, religiösen und kulturellen Strömungen in beiden Herzogtümern verbreitet. Gelehrte, Geistliche und Künstler aus dem übrigen Deutschland konnten sich in Gottorf und an der im Jahre 1665 von Herzog Christian Albrecht gegründeten Kieler Universität frei entfalten. Religiöse Minderheiten, besonders aus den Niederlanden, besiedelten die Marschen in Nordfriesland und fanden im damals gegründeten Friedrichstadt eine feste Bleibe.

Die Auseinandersetzungen zwischen Schleswig und Holstein spitzten sich so zu, daß die Herzogtümer im Dreißigjährigen Krieg als Gegner auf unterschiedlichen Seiten standen. Mit Schweden als Verbündetem gelang es dem Gottorfer Herzog, seine Stellung so lange zu behaupten und sogar auszubauen, wie Schweden ein starker Partner war. Als jedoch die schwedische Machtstellung im Nordischen Krieg zusammenbrach, neigte sich die Waage wiederum zugunsten des dänischen Königs. Als augenfälliges Zeichen dieser Machtverschiebung mußte der Gottorfer Herzog seine Besitzungen im Herzogtum Schleswig gemeinsam mit Schloß Gottorf an die königliche Linie abtreten; seit dieser Zeit regierte er im Schloß zu Kiel. Der dänische König Friedrich IV. vereinigte durch das königliche Patent von 1721 den Gottorfer Anteil von Schleswig mit dem königlichen Anteil.

Seitdem war nur noch Holstein als deutsches Reichslehen zwischen dem Gottorfer Herzog und dem dänischen König geteilt. Dieser Zustand blieb als „Gottorfer Frage" Gegenstand zahlreicher, jedoch erfolgloser Verhandlungen. Im Jahre 1762 zeichnete sich die Chance zu einer überraschenden Machtverschiebung zugunsten der Gottorfer ab, als der – allerdings geistig beschränkte – Sohn des Herzogs Karl Friedrich aus dessen Ehe mit der Tochter Peters des Großen, Anna Petrowna, als Peter III. russischer Zar wurde. Gleichzeitig erhielt der Lübecker Fürstbischof Adolf Friedrich als Vertreter der bischöflichen Linie Gottorfs die Anwartschaft auf den schwedischen Thron. Dänemark sah sich in eine fast ausweglose Lage gedrängt.

Doch mit der Thronbesteigung von Zarin Katharina II. entstand eine neue Situation: Die russische Zarin wollte ihrer außenpolitischen Ziele wegen auf keinen Fall einen zusätzlichen Streitfall mit der „Gottorfer Frage" haben. Darin bestärkt durch den ihr vertrauten Ratgeber am Petersburger Hof, den Holsteiner Caspar von Saldern, beschloß sie, auf den großfürstlich-gottorfischen Anteil in Holstein zu verzichten. Saldern sah die Verbindung Holsteins und Schleswigs mit Dänemark als beste Gewähr für dauerhaften Frieden; sein Ziel, die „Ruhe im Norden" zu sichern, wurde nachdrücklich von den beiden Grafen Johann Hartwig und Andreas Peter Bernstorff unterstützt. Letzterer, mit Hilfe Detlev Reventlous und Heinrich Carl Schimmelmanns, leistete die entscheidende Vorarbeit für den Verzicht der russischen Krone auf alle Ansprüche auf den Gottorfer Anteil. Damit ebnete er den Weg für die feierliche Übertragung aller Anteile, auch der bisher gemeinschaftlichen Teile Holsteins, an die dänische Krone im Jahre 1773. Schleswig und Holstein waren nunmehr wiederum unter einem Herrscher – dem dänischen König – vereint. Davon unberührt blieben lediglich die nicht mehr zu Holstein gehörenden Gebiete des Fürstbistums Lübeck (unter der bischöflichen Linie des Hauses Gottorf) und die Hansestädte Lübeck und Hamburg.

Der Zeitpunkt der Wiedervereinigung der Gottorfer Anteile mit den übrigen Gebieten der Herzogtümer stand am Beginn der Epoche des dänisch-deutschen Gesamtstaates. Er umfaßte neben den vereinigten Herzogtümern und dem dänischen Kernland auch noch das Königreich Norwegen.

In der zweiten Hälfte des 18. Jahrhunderts nahm die Wirtschaft im Gesamtstaat erneut Aufschwung und schuf die Grundlagen auch für die Verbreitung und Pflege geistiger und kultureller Güter in der Region von Altona bis Stavanger. Der deutsche Einfluß am Kopenhagener Hof überstieg bei weitem das zahlenmäßige Gewicht der deutschen Bevölkerung im Gesamtstaat.

Ungeachtet der gesamtstaatlichen Verwaltung wurde es von der Bevölkerung gerade in den Herzogtümern als wohltuend empfunden, daß eine zielgerichtete Politik zur stärkeren Durchsetzung neuer zentralistischer Prinzipien des innerstaatlichen Zusammenlebens ausblieb. Es gab

außer der gemeinsamen Kirchenordnung von 1542 und der Landgerichtsordnung von 1636 nur wenige Rechtsordnungen, die in beiden Herzogtümern uneingeschränkt galten. In Holstein wurde das Gemeine Recht angewandt; in Schleswig dagegen das Jütische Recht der niederdeutschen Fassung von 1595.
Gemeinsam wurden dagegen Lösungen zur Behebung der wirtschaftlichen und sozialen Probleme angestrebt. Die Aufhebung der bis dahin bestehenden genossenschaftlichen Bewirtschaftung der Feldmark, die Verkoppelung sowie die Eingrenzung der Flurstücke durch Knicks und schließlich die Aufhebung der Leibeigenschaft fielen in diese Zeit.

Im großen und ganzen war diese Epoche frei von besonders schwerwiegenden religiösen, politischen oder nationalen Spannungen. Nicht zuletzt die Kirche prägte durch weitgespannte Tätigkeit im sozialen Bereich für Ehe und Familie sowie für das Schulwesen das soziale Leben jener Zeit. Sie trug in großem Umfange dazu bei, daß Deutsch, die Hofsprache, sich als wichtige Klammer für die kulturelle Einheit der Herzogtümer weiter ausbreiten konnte. Deutsch war für das mittlere Schleswig nicht nur Amts- und Gerichtssprache, sondern auch Kirchen- und Schulsprache.
Insgesamt bot der Gesamtstaat den Rahmen für eine kulturelle und wirtschaftliche Blütephase, die in der Bevölkerung beider Herzogtümer als Sinnbild der „guten alten Zeit" lange lebendig blieb. Dies alles war mit dem Bemühen der Bevölkerung gerade in den Herzogtümern damals durchaus vereinbar, „Herr im eigenen Haus" und frei von dänischer Reglementierung zu bleiben.
Im Widerspruch dazu allerdings richtete König Friedrich VI. seine Politik für den Gesamtstaat stärker national-dänisch aus. Im Sinne einer strafferen Führung wurden die Staatsgeschäfte zunächst in der Hand des Königs konzentriert; später – insbesondere nach dem Tode Bernstorffs – umgab der König sich nur noch mit dänischen Ratgebern. Staatsrechtlich versuchte der dänische König die vollständige Integration der Herzogtümer in den dänischen Staat voranzutreiben. Außenpolitisch schien sich ihm dazu die Gelegenheit zu bieten, als am 6. August 1806 das Heilige Römische Reich Deutscher Nation zu bestehen aufhörte. Zu diesem Zeitpunkt wollte die dänische Krone Holstein, das in Kopenhagen nun nicht mehr als deutsches Lehen angesehen wurde, in Dänemark eingliedern. Der Deutsche Bund vereitelte jedoch dieses Vorhaben; der dänische König wurde als Herzog von Holstein dessen Mitglied.

In die nachfolgenden europäischen Auseinandersetzungen wurden die Herzogtümer unmittelbar einbezogen. Weil Dänemark Napoleon unterstützte, kam es im Jahr 1813 bei Sehestedt zu einem Kampf dänisch-schleswig-holsteinischer Truppen gegen eine schwedisch-russisch-preußische Armee. Im Kieler Frieden von 1814 erhielt Dänemark als Entschädigung für das abzutretende Norwegen Schwedisch-Pommern mit Rügen, das es 1815 gegen das Herzogtum Lauenburg und zwei Millionen Taler mit Preußen austauschte. Eine schleswig-holsteinisch/lauenburgische Kanzlei wurde bei der Regierung in Kopenhagen gebildet, die das Land verwaltete. Holstein und Lauenburg jedoch wurden weder in das Königreich eingegliedert noch als dänische Lehen angesehen.

Das folgende halbe Jahrhundert war gekennzeichnet durch deutsch-dänische Auseinandersetzungen in kultureller und politischer Hinsicht. Auf der einen Seite stand das Bemühen, dänische Kultur und Herrschaft in Schleswig-Holstein zu festigen. Auf der anderen Seite bildete sich in den Herzogtümern eine Opposition gegen Dirigismus aus Kopenhagen und gegen eine Danisierung zu Wort.

Die schleswig-holsteinische Ritterschaft unter Fritz Reventlow erklärte bereits 1815 über ihren damaligen Sekretär, den Kieler Historiker Friedrich Christoph Dahlmann, die Aufnahme der Herzogtümer Schleswig und Holstein als Provinzen eines freiheitlich verfaßten Deutschen Reiches als politisches Ziel. Nationales und liberales Gedankengut ergänzten einander und beflügelten die Bewegung. Im Revolutionsjahr 1830 erschien Uwe Jens Lornsens Flugschrift „Über das Verfassungswerk in Schleswigholstein", wonach Schleswig-Holstein ein eigener Staat und „Up ewig ungedeelt" sein sollte. Auf der anderen Seite betonten dänische Stimmen die Stellung und die Rechte der dänischen Bevölkerung im nördlichen Schleswig und die eigenständige Entwicklung des Herzogtums Schleswig. Andere Kieler Universitätsprofessoren wie Christian Paulsen und Christian Flor sowie – als politischer Vertreter – Orla Lehmann traten mit der Forderung hervor: „Dänemark bis zur Eider."

Für die Ausprägung eines deutsch-schleswig-holsteinischen Nationalbewußtseins wirkten besonders das Herrenhaus Emkendorf mit seinem geistig-politischen Kreis und die Universität Kiel, für die Entwicklung zu dänischer Gesinnung die Volkshochschule Rödding. Die Spaltung in zwei nationale Lager wurde im Jahr 1844 besonders deutlich: In Schleswig feierten etwa 12 000 Teilnehmer anläßlich eines großen deutschen Sängerfestes unter blau-weiß-roten Fahnen; sie sangen zum er-

27

sten Mal das Schleswig-Holstein-Lied. Fast zur gleichen Zeit trafen sich auch etwa 12 000 dänisch gesinnte Schleswiger und Dänen auf Skamlingsbanke im Nordosten des Herzogtums Schleswig unter dem Danebrog zu einem eigenen Nationalfest. Die Lage spitzte sich zu, als der dänische König nicht nur jede Diskussion über staatsrechtliche Fragen verbot, sondern in seinem „Offenen Brief" vom 8. Juli 1846 die Einheit des dänischen Gesamtstaates durch die gleiche Erbfolge im Königreich und in beiden Herzogtümern sichern wollte. Es sollte künftig auch in Schleswig die Erbfolge der Lex Regia gelten, wonach – abweichend vom schleswig-holsteinischen Landesrecht – in den beiden Herzogtümern auch aus weiblicher Linie ein Nachkomme die Krone tragen dürfe. Dagegen erklärten die deutsch gesinnten Schleswig-Holsteiner, daß für diesen Fall die männliche Thronfolge und die seit Ripen gesicherte einheitliche Landesherrschaft über Schleswig und Holstein zur sonderburgisch-augustenburgischen Herrschaft – einer Nebenlinie im Mannesstamm – über beide Herzogtümer führen müßte.

Der „Offene Brief" war für den Gesamtstaat, den er hätte bewahren sollen, folgenschwer. In den Herzogtümern führte er zu empörter Ablehnung, im Königreich Dänemark zu begeisterter Zustimmung. Nach dem Tod Christians VIII. 1848 legte Friedrich VII. eine neue, von seinem Vorgänger entworfene Gesamtstaatsverfassung vor. Heftiger Widerstand der deutschen Schleswig-Holsteiner dagegen kam im Rahmen der revolutionären europäischen Stimmung des Jahres 1848 zum Ausbruch. Eine Versammlung deutscher Schleswig-Holsteiner übermittelte am 24. März 1848 dem neuen König eine Petition mit weitgehenden Forderungen, nämlich auf Entlassung des dänischen Statthalters, Eintritt Schleswigs in den Deutschen Bund, Schaffung einer einheitlichen schleswig-holsteinischen Landesvertretung. Eine „eiderdänisch" gesinnte Regierung reagierte mit der Verkündung der Einverleibung Schleswigs. Hiergegen formulierten die Führer der deutschen Bewegung das Widerstandsrecht und proklamierten die Einsetzung einer Provisorischen Landesregierung.

Am 27. März 1848 berief dann die Provisorische Regierung die Ständeversammlungen der Herzogtümer Schleswig und Holstein zu einer gemeinsamen Tagung nach Rendsburg ein. Die Vereinigte Ständeversammlung bestätigte die Provisorische Regierung und erarbeitete ein Wahlrecht für eine verfassunggebende Landesversammlung. Nach deren Wahl im August 1848 legte diese ein Staatsgrundgesetz mit weitreichenden Bestimmungen vor.

Die beiden ersten Abschnitte enthielten die verfassungsgeschichtlich wesentlichen Grundgedanken: Die Herzogtümer Schleswig und Holstein werden zu einem einheitlichen Staat verbunden. Dies kam schon in der Schreibweise zum Ausdruck, indem nicht mehr von den Herzogtümern Schleswig und Holstein gesprochen wurde, sondern von den Herzogtümern Schleswig-Holstein. Dieser neue Staat sollte Gliedstaat des Deutschen Reiches sein, im Hinblick auf die staatsrechtliche Beziehung Schleswigs zu Dänemark völkerrechtlich durchaus problematisch. Zwar blieb die Provisorische Regierung in ihrem Bemühen erfolglos, auch Schleswig in den Deutschen Bund aufzunehmen, dennoch erreichte sie, daß Preußen an ihrer Seite Krieg gegen Dänemark führte. Der Waffenstillstand vom Malmö 1848 beendete die kriegerischen Auseinandersetzungen und führte zur Ablösung der Provisorischen Regierung durch eine Regierung aus dänischen und preußischen Vertretern, die im Namen des dänischen Königs als Herzog von Schleswig und Holstein handelte. Der Berliner Friede von 1850 schließlich stellte die dänische Herrschaft über Schleswig und Holstein wieder her. Er ebnete den Weg für eine internationale Lösung der Schleswig-Holstein-Frage. 1852 schlossen Rußland, Österreich, Frankreich, Großbritannien, Preußen und Schweden-Norwegen den Londoner Vertrag über Schleswig-Holstein mit folgendem Inhalt: Die Großmächte erkannten das Prinzip der Integrität des dänischen Gesamtstaates an und legten die Erbfolge des Prinzen Christian von Schleswig-Holstein-Sonderburg-Glücksburg fest. Gleichzeitig erklärte der Herzog von Augustenburg seinen Verzicht auf Erbansprüche. Der dänische König mußte sich verpflichten, die Gleichberechtigung von Schleswig und Holstein zu gewährleisten und nichts zu unternehmen, was einer Eingliederung Schleswigs in das Königreich Dänemark gleichkommen würde.

Für viele Schleswig-Holsteiner, aber auch für die „Eiderdänen" war die Londoner Lösung – aus unterschiedlichem Grund – zutiefst unbefriedigend. Der dänische König versuchte in weitaus stärkerem Maße als bisher, das mittlere Schleswig zu danisieren. Im März 1863 legte König Friedrich VII. ein Patent vor, das den Schritt zu einer Verfassung für Dänemark einschließlich Schleswigs, aber ohne Holstein, bedeutete. Sein Tod im November 1863 ließ den Streit um den „rechtmäßigen" Landesherrn in Schleswig-Holstein erneut aufflammen.

So wurde in Dänemark auf der Basis des Londoner Protokolls Prinz Christian von Schleswig-Holstein-Sonderburg-Glücksburg („Protokollprinz") als Christian IX. zum König von Dänemark und Herzog von Schleswig, Holstein und Lauenburg ausgerufen, während Prinz

Friedrich von Schleswig-Holstein-Sonderburg-Augustenburg zur selben Zeit als Herzog Friedrich VIII. die Übernahme der Regierungsgewalt in Schleswig und Holstein proklamierte. Preußen und Österreich wiederum erreichten in dieser Situation, daß die Bundesversammlung mit knapper Mehrheit die Bundesexekution beschloß. Es kam zum Krieg Preußens und Österreichs gegen Dänemark. Im Vorfrieden vom 1. August 1864 trat Dänemark die Herzogtümer Schleswig, Holstein und Lauenburg an Preußen und Österreich ab.
Auf der Basis des Vorfriedensvertrages schlossen Österreich, Preußen und Dänemark den Wiener Frieden vom 30. Oktober 1864. Christian IX. bekräftigte darin seinen vollständigen Verzicht auf Schleswig, Holstein und Lauenburg. Zunächst wurden die drei Herzogtümer von Österreich und Preußen gemeinschaftlich verwaltet. Durch den Vertrag von Gastein im Jahre 1865 erhielt Preußen die Verwaltungsrechte in Schleswig, Österreich die in Holstein. Das Herzogtum Lauenburg wurde gegen eine Entschädigungssumme an Österreich von 2,5 Millionen dänischen Talern, die die Bevölkerung Lauenburgs aufzubringen hatte, mit Preußen in Personalunion verbunden.
Preußen sah sich bald besonderen Schwierigkeiten bei der Lösung seiner Aufgaben in Schleswig gegenüber. Der überwiegende Teil der Bevölkerung war mit der in Aussicht stehenden Neuerung keineswegs einverstanden. Es blieb der Wunsch lebendig, daß die Herzogtümer auch in staatlicher Hinsicht weiterhin ihr Eigenleben führen könnten. In der Person des Erbprinzen Friedrich von Augustenburg sahen viele dafür eine Gewähr. Demgegenüber war die preußische Politik durch klare Ablehnung aller augustenburgischen Ambitionen und durch Förderung aller Bestrebungen zugunsten Preußens auch in der Personalpolitik sowie in der straffen Zentralverwaltung gekennzeichnet.
Auch zwischen Preußen und Österreich entzündeten sich Gegensätze an der schleswig-holsteinischen Frage; 1866 kam es zum Krieg zwischen den beiden deutschen Großmächten. Im Prager Friedensvertrag vom 23. August 1866 übertrug der Kaiser von Österreich seine Rechte auf die Herzogtümer Holstein und Schleswig dem König von Preußen. Der Vertrag enthielt jedoch den historisch bedeutsamen Vorbehalt, daß die nördlichen Distrikte an Dänemark abgetreten werden sollten, wenn die Bevölkerung durch freie Abstimmung den Wunsch zu erkennen gäbe, mit Dänemark vereinigt zu werden.
Der Prager Friedensvertrag stellte für die verfassungsgeschichtliche Entwicklung Schleswigs und Holsteins einen neuen wichtigen Einschnitt dar. Das Streben in den beiden Herzogtümern, von Dänemark

und Deutschland unabhängig und miteinander staatsrechtlich verbunden zu sein, war im Grundsatz in der Constitutio Waldemariana 1326 und im Ripener Freiheitsbrief 1460 verankert worden. Die Constitutio Waldemariana verbot die Einverleibung Schleswigs in Dänemark, und der Ripener Freiheitsbrief sicherte die Unteilbarkeit der Lande zu. Beide waren jedoch zu schwach, um ein schleswig-holsteinisches Staatswesen als Einzelstaat zu konstituieren und zu garantieren. Unter der preußischen Monarchie ergab sich nunmehr eine neue Lösung des Einheitsstrebens.

Unmittelbar nach dem Prager Frieden, am 7. September 1866, leitete Bismarck dem preußischen Landtag einen Gesetzesentwurf über die Vereinigung der Herzogtümer Holstein und Schleswig mit der preußischen Monarchie zu. Nach der Zustimmung durch Herrenhaus und Abgeordnetenhaus wurde das Gesetz am 24. Dezember 1866 erlassen. Mit dem Besitzergreifungspatent König Wilhelms I. vom 12. Januar 1867 wurden die Herzogtümer preußische Provinz. Der seit Jahrhunderten von vielen gewünschte gemeinsame Weg war mit der Einverleibung der Herzogtümer in den preußischen Staatsverband gegeben, allerdings ohne die Verwirklichung der schleswig-holsteinischen Autonomiebestrebungen.

Die Mehrheit der Schleswig-Holsteiner dürfte seinerzeit für die Selbständigkeit der beiden Herzogtümer unter dem Augustenburger eingetreten sein. Um so wichtiger wurde nunmehr die Aufgabe der preußischen Verwaltung, die neu gewonnenen Landesteile harmonisch in den preußischen Staatsverband einzugliedern, ihre Verwaltung und rechtliche Situation der preußischen Monarchie anzupassen und ihre Bevölkerung, auch den dänisch gesinnten Teil, in der neuen staatlichen Gemeinschaft heimisch werden zu lassen.

Anders als es vielen Schleswig-Holsteinern vorschwebte, war die angestrebte staatliche Einheit damals nur im Verband der deutschen Territorialstaaten unter preußischer Führung möglich. Seit der Zeit blieb Schleswig-Holstein als preußische Provinz dem Kaiserreich verbunden, danach der Weimarer Republik. Im Jahre 1920 kam es zu erheblichen Gebietsabtretungen, und auch das Groß-Hamburg-Gesetz von 1937 brachte größere Veränderungen. Dennoch konnte Schleswig-Holstein sich zu großen Teilen in seinen historisch gewordenen Grenzen festigen. Das Land, das 1949 Land der Bundesrepublik Deutschland wurde, blieb seit dieser Zeit „ungeteilt zusammen".

Ein Wirtschaftsraum entsteht

Die Landbrücke zwischen Nord- und Ostsee hielt für die Menschen zwei natürliche Elemente als Produktions- und Wirtschaftsfaktoren bereit: das Wasser und den Boden.
Über diese Brücke liefen – vermutlich seit der jüngeren Steinzeit schon – Handels- und Verkehrsanbindungen. Von besonderer Bedeutung wurden später die Wasserwege, die gemeinsam mit kurzen Landstrecken die beiden Meere miteinander verbanden. Dem Austausch von Waren und Handelsgütern über Wasser verdankte Haithabu seine Bedeutung. Aber auch später liefen über die Land- und Wasserstraßen in Schleswig und in Holstein Ströme des mittelalterlichen Welthandels. Dies hatte unmittelbaren Einfluß auf die Gründung von Städten und Niederlassungen.
So entwickelten sich – im Schnittpunkt eines ergiebigen Hinterlandes und des weiten Ostseebeckens – an der Ostküste des Landes schon sehr früh bedeutsame Zentren wirtschaftlichen, staatlichen und kulturellen Lebens. Grundlage für das Aufblühen etwa der Hansestadt Lübeck waren nicht zuletzt der Handel und die Beziehungen zu den Ostseestaaten. Vom Ausbau der weltweiten Handelsströme profitierten schleswig-holsteinische Häfen wie Flensburg. An der an sich weniger günstig ausgestatteten Westküste gewannen Husum und Tönning als Hafenplätze im Handel mit England und Holland eine gewisse Bedeutung. Als Stadt am Elbstrom erreichte Hamburg Weltgeltung.
Die Fischerei verfügte an der Ostsee über eine sehr lange Tradition. Viele Kutterhäfen an der Ostküste wie Eckernförde oder Schlutup verdanken ihre Entstehung der Fischwirtschaft. Kiel wurde nicht nur zu einem Mittelpunkt der Kutter-, sondern auch der Dampfhochseefischerei. An der Nordseeküste stehen wiederum Häfen wie Tönning und Glückstadt, letzteres als Sitz der Heringsloggergesellschaft, mit der Fischerei in unmittelbarem Zusammenhang. Zwar kann die Seefahrt hier, erinnert sei an den Walfang, auf eine große Tradition zurückblicken, das Schwergewicht lag dennoch bei der Küstenfischerei.
Im Zeitalter der Industrialisierung gewann der Schiffbau an den Küsten an Bedeutung. Die Schiffbauindustrie und ihre Zulieferer an Nord- und Ostsee wurden zum Kern der schleswig-holsteinischen Industrie überhaupt. Mit dem Nord-Ostsee-Kanal wurden die Möglichkeiten des Hochseeschiffbaues auch außerhalb der unmittelbar am Meer gelege-

nen Küstenstädte erweitert. Insgesamt prägten die engen Beziehungen zu Schiffahrt, Fischerei und Schiffbau und die weltweiten Handelsbeziehungen die Menschen in Schleswig-Holstein.
Die Kolonisation des Ostens wurde sehr stark durch naturräumliche und wirtschaftliche Gründe begünstigt. Die Neusiedler kamen zum großen Teil aus Regionen, deren Ackerböden geringerwertig waren als die Ostholsteins. Sie hofften in der neuen Heimat auf wirtschaftliche Besserstellung, auf eigenen Landbesitz und auf gesellschaftlichen Aufstieg.
Gleichzeitig mit der Kolonisation Ostholsteins bildete sich eine neue Form der Landwirtschaft heraus. Nach wie vor diente die landwirtschaftliche Produktion zwar dem Lebenserhalt der Familien. Gleichzeitig aber wuchs der Bedarf an Agrarerzeugnissen für größere Teile der Bevölkerung, die nicht (mehr) den Acker bestellten. Kennzeichnend für die Landwirtschaft war die Streifenflur. Sie entstand dadurch, daß das gerodete Neuland gleichmäßig unter den Neusiedlern in Streifen so aufgeteilt wurde, daß jeder – entsprechend den unterschiedlichen Bodenverhältnissen – einen gleichen Anteil von mehr oder weniger ertragreichem Land erhielt. Da die Bauern, zumindest zu Beginn der Neusiedlung, weitgehend gleichgestellt waren, setzte sich die genossenschaftliche Form der Landwirtschaft durch. Bis auf die Marschen, wo das Land überwiegend einzelwirtschaftlich genutzt wurde, war sie für das Mittelalter in fast allen Teilen Schleswig-Holsteins charakteristisch.
Eine einschneidende Veränderung entstand mit der Herausbildung der Gutswirtschaft. Bereits zuvor verfügte der Anführer der Siedlergruppen (der Lokator oder auch Ritter) häufig über mehr Land als die anderen Bauern. Er hatte zunächst wie sie gewirtschaftet. Erst in der Hälfte des 14. Jahrhunderts veränderte sich seine Stellung in der Gesellschaft grundlegend. Dazu trug sowohl die Entstehung von Söldner- und Landsknechtheeren als auch die noch stärkere Nachfrage nach landwirtschaftlichen Erzeugnissen infolge der sich entwickelnden Städte und des aufkommenden Handwerks bei. Stärker als bisher engagierten sich Adlige in der landwirtschaftlichen Produktion. Dafür waren die Streifenflur und die mit ihr verbundene Gemengelage nur ungenügend geeignet. Es galt, die Ackerflächen zu vergrößern und „große Schläge" zu schaffen. So entstand die Gutswirtschaft mit großen blockförmigen Ackerflächen, eingehegt mit Knicks.
Diese Gutsfluren konnten von den adligen Besitzern allein nicht bewirtschaftet werden, sie benötigten dafür eine größere Anzahl von Arbeitskräften. Eng damit hängt die Entstehung der Leibeigenschaft zu-

sammen, die einen Teil der ländlichen Bevölkerung unmittelbar vom Gutsherrn abhängig machte. Sie entwickelte sich unterschiedlich stark ausgeprägt in den verschiedenen Landesteilen.
Die Erfolge der Gutswirtschaft unterstrichen die Vorteile der Einzelwirtschaft. Dies war einer der ausschlaggebenden Gründe dafür, daß einige Gutsherren Teile ihrer Wirtschaftsflächen aufteilten und verpachteten. Die Pächter, überwiegend Bauern, konnten selbst darüber entscheiden, wie sie ihre Parzellen nutzen wollten.
Waren so die Weichen für eine verstärkte Individualwirtschaft gestellt, so bedeuteten die Verkoppelungsgesetze aus der zweiten Hälfte des 18. Jahrhunderts die endgültige Abkehr von der genossenschaftlichen Wirtschaftsweise. An die Stelle der langen Streifen traten im Zuge dieser Entwicklung blockförmige Flurstücke („kleine Schläge"), ebenfalls mit Knicks eingegrenzt. Nach wie vor prägt auch diese Anordnung noch heute weite Strecken der Agrarlandschaft Schleswig-Holsteins.

Die bereits bei der Streifenflur eingeführte Dreifelder- und insbesondere Fruchtwechselwirtschaft wurde auf den neu geschaffenen Koppeln verbessert. Der Bauer war in der Art des Anbaus und seiner Durchführung erheblich selbständiger als früher. Über die Produktionssteigerung hinaus wurden damit wichtige Voraussetzungen für die Herausbildung des eigenverantwortlichen Unternehmertums im Agrarbereich geschaffen. Begünstigt wurde diese Entwicklung durch die Entstehung größerer Märkte und die Anbahnung späterer Industrialisierungsprozesse. Nicht weniger entscheidend dafür war die Aufhebung der Leibeigenschaft am 1. Januar 1805.
Am Anfang der Stadtentwicklung im Lande stand Haithabu, als Siedlung, Hafen- und Umschlagplatz und als Brücke zwischen den frühmittelalterlichen Kulturen Mittel- und Nordeuropas das bedeutendste Zentrum seiner Zeit im Norden.
Die eigentlichen Grundlagen für das spätere Städtewesen in Schleswig-Holstein wurden im Zeitabschnitt der mittelalterlichen Kolonisation gelegt. Im Zuge der agrarwirtschaftlichen Entwicklung diente die Produktion landwirtschaftlicher Erzeugnisse zunehmend der Belieferung eines immer größer werdenden Marktes.
Diesem trug die Bedeutung des zentralen Marktplatzes in den neu entstandenen städtischen Siedlungen Rechnung. Neben Kirche und Burg/Schloß gehörte der Marktplatz zu den wichtigsten Merkmalen der mit einer Mauer umgebenen mittelalterlichen Stadt. Händler, Kaufleute und Handwerker wohnten nach einzelnen Stadtteilen getrennt.

Zahlreiche kleine Marktstädte entstanden in enger Wechselwirkung mit ihrem Umland. In besonderer Weise trat die Hansestadt Lübeck hervor: Sie übernahm jene Funktionen eines Umschlagplatzes im Fernhandel, die früher Haithabu innehatte; sie war Ausgangspunkt der mittelalterlichen deutschen Ostkolonisation; sie nahm als Oberhaupt der Hanse nicht nur wirtschaftlich, organisatorisch und politisch, sondern auch kulturell und geistig weitreichenden überregionalen Einfluß.
Die Auseinandersetzungen zwischen dänischer Krone und gottorfischem Hof führten unmittelbar zur Entstehung beziehungsweise zur Umgestaltung einer größeren Anzahl von Städten insbesondere zu Beginn des 17. Jahrhunderts. Im königlichen Landesteil wurden Glückstadt und Altona, im herzoglichen Tönning, Husum und Friedrichstadt gegründet. Hierbei standen wirtschaftliche ebenso wie machtpolitische Überlegungen Pate. Andere Städte wurden zu Residenzen um- bzw. ausgestaltet, so Plön, Eutin, Segeberg, Flensburg, Kiel und Schleswig/Gottorf.
Für die Stadtentwicklung späterer Zeit wirkte sich maßgeblich die Verlagerung der Verkehrsströme in dieser Region aus. Sie brachte Städten wie Husum oder Flensburg eine besondere Blütezeit.
Insgesamt haben diese Entwicklungen die Entstehung der Mittelstädte in Schleswig-Holstein sowie die Herausbildung der zentralörtlichen Struktur des Landes begünstigt. Hierzu trug schließlich auch das stärkere Aufkommen der gewerblichen Produktion bei, die prägend für einige Städte des Landes wurde: Spezielle Handwerke ließen sich in Preetz oder Barmstedt nieder; Neumünster profitierte von der zunehmenden Verarbeitung von Agrarerzeugnissen; Lübeck und insbesondere Flensburg wurden in die neuen überseeischen Handelsbeziehungen eingebunden.
Mit einer sehr unterschiedlich entwickelten Siedlungs- und Wirtschaftsstruktur trat Schleswig-Holstein an die Schwelle des Industriezeitalters. Nach wie vor geprägt durch die geographische Lage zwischen Nord- und Ostsee und an der Elbe, ausgestattet mit sicheren Häfen und schiffbaren Flüssen, an denen wiederum mehrere Städte mit Handelszentren und industriell-gewerblichen Ansätzen lagen, war das Land für neue und zukünftige Entwicklungen aufnahmebereit.
Zwar setzte die eigentliche Industrialisierung Schleswig-Holsteins erst nach 1867 ein, dennoch sind deren Anfänge bereits im zweiten Jahrzehnt des 19. Jahrhunderts aufspürbar. Ihren Ausgangspunkt nahmen sie bei den Textilunternehmen in Altona und in Neumünster, wo es bereits im Jahre 1824 zum Einsatz der ersten Dampfmaschine kam.

Weitere Stationen der frühen Industrialisierung waren die Gründung der Carlshütte in Rendsburg im Jahre 1827, der Dampfschiffbau, der seit den 1840er Jahren immer mehr an Bedeutung gewann, und der Aufbau eines Eisenbahnnetzes, das mit der Inbetriebnahme der Linie Altona–Kiel begann. Der Eisenbahnbau erhöhte die Nachfrage und brachte Beschäftigung für schleswig-holsteinische Unternehmen wie die Carlshütte, Schweffel und Howaldt in Kiel oder Dittmann und Jensen in Flensburg. Zugleich wurde die landesinnere Verkehrslage deutlich verbessert. Benötigte die Schnellpost auf der 1832 erbauten Chaussee von Altona nach Kiel außerhalb der Wintermonate für die gesamte Strecke zwölf Stunden, so betrug die Fahrzeit des 1850 zwischen beiden Städten verkehrenden Personenzugs nur noch drei Stunden. Mit der Eisenbahn konnten zugleich solche Standorte für Industriebetriebe erschlossen werden, die vorher mangels eigener Rohstoffe – wie Steinkohle oder Roheisen – fast ausschließlich in den Hafenstädten angesiedelt waren. Insgesamt jedoch fand Schleswig-Holstein nur zögernd Anschluß an die Kräfte der großen Industrialisierung, die nach 1871 zunehmend Einfluß gewannen. Das Land lag stets etwas abseits von der Entwicklung des Deutschen Reiches und wurde außerdem durch die Bismarcksche Schutzzollpolitik seit Ende der 1870er Jahre benachteiligt.
Ein weiteres kam hinzu: Nach wie vor wurde die Wirtschaft des Landes durch die Landwirtschaft geprägt – ein knappes Drittel aller Erwerbspersonen war dort beschäftigt. Auch das sich stärker entwickelnde Gewerbe beruhte im wesentlichen auf landwirtschaftlichen Erzeugnissen: Ledererzeugnisse aus dem Viehbestand; Textilindustrie aus der Schafzucht; Agrarprodukte in der Nahrungsmittelindustrie. Das Aufkommen weiterer Gewerbe wie die Werftindustrie und die Fischindustrie hing eng mit der Küstenlage zusammen. Eine Vielzahl von Mittel- und Kleinbetrieben entstand; ein starkes Handwerk konnte sich entwickeln.
Am wirtschaftlichen Aufstieg und an der industriellen Entwicklung in der Zeit um die Jahrhundertwende konnte Schleswig-Holstein in vollem Umfange teilnehmen. In erster Linie war dies eine Folge gezielter politischer und militärisch-strategischer Entscheidungen. Standorte für die kaiserliche Marine wurden Kiel, der spätere Reichskriegshafen, Flensburg, Sonderburg und Eckernförde. Vor allem Kiel und Hamburg profitierten vom aufblühenden Schiffbau insbesondere für die Kriegs- und Handelsschiffahrt. Dadurch entwickelte sich gleichzeitig eine breitgefächerte Zubringerindustrie. Der von Bismarck auch gegen große Widerstände durchgesetzte Bau des Kaiser-Wilhelm-Kanals bedeu-

tete nach 1895 den Anschluß Schleswig-Holsteins an den internationalen Handel.
Der schnelle Bevölkerungsanstieg vor allem in den Städten spiegelte das Wachstum von Industrie und Handel wider: In Altona wuchs die Einwohnerzahl von 74 102 im Jahre 1871 auf 161 501 im Jahre 1900; Kiel hatte im Jahr 1871 31 764 Einwohner, 1910 bereits über 210 000. Größere Mobilität der Bevölkerung war ein weiteres Kennzeichen: Gegenüber 44,3 % im Jahre 1882 waren nur noch 29,6 % der Bevölkerung im Jahre 1907 in landwirtschaftlichen Berufen beschäftigt. Die Umwandlung der sozialen Struktur im Lande und damit auch die Zunahme sozialer Probleme blieben nicht aus.
In den folgenden Jahrzehnten setzte sich der Industrialisierungsprozeß beschleunigt fort. Der Anteil der im produzierenden Gewerbe beschäftigten Personen stieg von 22 % im Jahre 1867 auf 32 % im Jahre 1939. Nicht weniger eindrucksvoll verlief die Motorisierung im Lande: Die Zahl der Pkws und Lkws kletterte von genau 230 im Jahr 1907 auf mehr als 40 000 im Jahre 1938.
Gleichzeitig nahm die Bevölkerung im Lande zu. Trotz der im Jahre 1920 erfolgten Gebietsabtretung an Dänemark erhöhte sich ihre Zahl zwischen 1867 und 1933 um rd. 54 % auf knapp 1,6 Millionen Menschen.
Zwischen den beiden Weltkriegen wurde die schleswig-holsteinische Wirtschaft weiter gestärkt. Im Zeichen der nationalsozialistischen Politik wurden allerdings sehr stark rüstungsindustrielle Anlagen berücksichtigt. Die damit verbundenen Probleme wurden durch laufende Staatsaufträge für die Werften und deren Zulieferindustrien überlagert. Bezeichnend für diese Entwicklung war, daß das Volkseinkommen pro Kopf in Schleswig-Holstein im Jahr 1936 höher war als im Reichsdurchschnitt.
Von allen Bundesländern hatte Schleswig-Holstein gerade wirtschaftlich mit am stärksten unter den Kriegsfolgen zu leiden. Das Land war fast zu einer Insel geworden. Die Nordgrenze zu Dänemark hatte einen zunächst starren Charakter angenommen, die vormals lebhaften Wirtschaftsbeziehungen zu Mecklenburg als dem natürlichen Hinterland der Hansestadt Lübeck waren abgeschnitten, zahlreiche schleswig-holsteinische Unternehmen mußten den Verlust ihrer traditionellen wirtschaftlichen Verflechtungen mit dem brandenburgisch-sächsischen Raum hinnehmen. Die Elbe erschwerte, daß Schleswig-Holstein mit seiner Randlage in den neuen westdeutschen Wirtschaftsraum integriert wurde.

Ein Land gewinnt Gestalt

Die Jahre 1864 und 1866 waren einschneidende Stationen für die äußere Gestaltwerdung Schleswig-Holsteins. Das Land südlich der Königsau wurde unter preußischer Hoheit territorial und rechtlich vereinigt. Allerdings verpflichtete Preußen sich 1866 im Prager Friedensvertrag, jene nördlichen Distrikte Schleswigs Dänemark zu überlassen, in denen die Bevölkerung den Wunsch dazu durch freie Abstimmung zum Ausdruck bringen würde. Die Verwirklichung dieses Vorbehaltes scheiterte in den darauffolgenden Jahren, da sich über die Abgrenzung der Gebietsteile und über die preußischen Forderungen nach Garantien für die dann bei Dänemark verbleibende deutsche Minderheit keine Übereinstimmung erzielen ließ.

Mit der Eingliederung beider Herzogtümer in den preußischen Staat und in das Deutsche Reich war die gebietsmäßige Entwicklung jedoch noch nicht abgeschlossen. Die Jahre 1876, 1891, 1920, 1937, 1945 und 1973 brachten größere und kleinere Schritte bis hin zur heutigen Ausdehnung des Landes Schleswig-Holstein.

Im Jahre 1876 wurde das Herzogtum Lauenburg mit der schleswig-holsteinischen Provinz rechtlich vereinigt. Bis dahin hatte Lauenburg als selbständiges Herzogtum einen von Schleswig und Holstein getrennten geschichtlichen Weg zurückgelegt. Im Zeitabschnitt zwischen Karl dem Großen und Heinrich dem Löwen in äußerst komplizierte Auseinandersetzungen verwickelt, gelangte das Lauenburgische Land mit dem Sturz Heinrichs des Löwen im Jahre 1180 an eine jüngere Linie der Askanier. Bernhard I. wurde damit belehnt. Erst im Jahre 1296 jedoch, als die Enkel Bernhards das Land aufteilten, entstand ein Territorium, das etwa mit dem Herzogtum Lauenburg vergleichbar ist.

Als das askanische Geschlecht im Jahre 1689 ausstarb, setzte sich Herzog Georg Wilhelm von Braunschweig-Lüneburg in den Besitz des Landes. Nach seinem Tode fiel Lauenburg an Kur-Hannover. Da der erste hannoversche Herzog von Lauenburg, Georg-Ludwig, als König Georg I. den englischen Thron bestieg, war das Geschick Lauenburgs äußerst wechselhaft. In der Zeit der napoleonischen Kriege wechselte es innerhalb von 13 Jahren nicht weniger als sechsmal seinen Herrscher: Zunächst hannoversch-englisch, wurde es 1803 von den Franzosen besetzt. Bis 1806 war es für kurze Zeit preußisch, um nach der Niederlage von Jena und Auerstedt erneut von Franzosen besetzt und verwaltet zu

werden. Danach folgte, im Jahre 1813, die Wiederherstellung der rechtmäßigen hannoverschen Herrschaft, bis Lauenburg durch den Wiener Kongreß an Dänemark kam.
Im Zuge der nationalen Strömungen trat Lauenburg für die deutsche Sache ein. Mit dem Vertrag von Gastein 1865 kam es an Preußen; der preußische König wurde Herzog von Lauenburg. Nach langwierigen Verhandlungen zwischen dem preußischen Staat und der Lauenburgischen Ritter- und Landschaft trat im Jahre 1876 das Gesetz über die Vereinigung des Herzogtums Lauenburg mit der preußischen Monarchie in Kraft. Lauenburg wurde Landkreis in der preußischen Provinz Schleswig-Holstein, behielt jedoch viele lauenburgische Sonderrechte. Auch wenn die Mehrzahl davon allmählich abgebaut wurde, haben sie eine gewisse Bedeutung für die lauenburgische Kommunalpolitik bis heute behalten.
Unmittelbar im Zeichen weltpolitischer Auseinandersetzungen stand die Vereinigung der Insel Helgoland mit der preußischen Monarchie im Jahre 1891. Die kleine Nordseeinsel, ein altes friesisches Heiligtum, war 1434 mit Nordfriesland dem Herzogtum Schleswig angegliedert. Bis 1712 stand es unter gottorfischer Herrschaft. Danach besetzte Dänemark die Insel, die jedoch während der Kontinentalsperre als strategisch wichtiger Stützpunkt von England beherrscht wurde. Im Kieler Frieden von 1814 trat Dänemark die Insel förmlich an England ab.
Im Zuge der Auseinandersetzungen zwischen dem Deutschen und dem Britischen Reich in ihrer afrikanischen Kolonialpolitik kam es zum Helgoland-Sansibar-Vertrag von 1890. Mit ihm überließ Großbritannien Helgoland im Zuge eines Tauschvertrages dem Deutschen Reich. Durch das Gesetz über die Vereinigung der Insel Helgoland mit der preußischen Monarchie von 1891 wurde Helgoland zunächst dem Kreis Süderdithmarschen zugeschlagen, ehe es von 1922 bis 1932 selbständiger Kreis war. Seit der Gebietsreform von 1932 gehört Helgoland zum Kreis Pinneberg.
Sehr einschneidende Gebietsveränderungen im Norden des Landes ergaben sich für Schleswig-Holstein als Folge des Ersten Weltkrieges. Die im Prager Friedensvertrag zunächst festgehaltene Bestimmung, daß die Bevölkerung der nördlichen Distrikte Gelegenheit erhalten sollte, sich zur Frage ihrer Zugehörigkeit zu äußern, wurde bei den Versailler Verhandlungen neu aufgegriffen. Nachdem der Versuch gescheitert war, eine zweiseitige deutsch-dänische Vereinbarung über die gemeinsame Grenze im Norden Schleswig-Holsteins zu erzielen, erreichte Dänemark die Aufnahme der Artikel 109 bis 114 in den Versailler Vertrag.

Danach wurden getrennte Abstimmungen in zwei Zonen durchgeführt. Die erste fand am 10. Februar 1920 in Nordschleswig statt und ergab eine klare Mehrheit der Bevölkerung für Dänemark. Obwohl in 41 Gemeinden eine deutsche Mehrheit erzielt wurde, änderte dies nichts daran, daß der nordschleswigsche Landesteil insgesamt an Dänemark abgetreten werden mußte. Deutsche Vorstellungen, wonach nicht en bloc, sondern gemeindeweise abzustimmen sei, waren zuvor nicht berücksichtigt worden. Die zweite Abstimmung vom 14. März 1920 – hier gemeindeweise – ergab in Mittelschleswig eine deutsche Mehrheit, so daß es zu weiteren Gebietsabtretungen nicht kam. Insgesamt büßte Schleswig-Holstein Gebiete in der Größe von einem Fünftel seiner Fläche ein.

Das Groß-Hamburg-Gesetz von 1937 brachte für Schleswig-Holstein zahlreiche weitere Änderungen. Zunächst wurde zwischen Hamburg und Schleswig-Holstein eine Gebietsbereinigung durchgeführt. Die Städte Altona und Wandsbek und weitere 13 Gemeinden der Kreise Stormarn und Pinneberg wurden Hamburg angegliedert. Dafür kamen die Stadt Geesthacht sowie die Gemeinden Großhansdorf und Schmalenbek zu Schleswig-Holstein.

Geesthacht hatte ursprünglich zum Herzogtum Lauenburg gehört, gelangte aber 1420 durch hanseatische Territorialpolitik einerseits und durch askanische Erbregelungen andererseits unter die gemeinsame („beiderstädtische") Verwaltung der Hansestädte Hamburg und Lübeck. 1867 wurde es hamburgische Enklave, 1937 kam es zum Landkreis Herzogtum Lauenburg. Durch diesen Gebietsaustausch verlor Schleswig-Holstein mit Altona nicht nur seine größte Stadt – die inzwischen knapp eine Viertelmillion Einwohner zählte – sondern zugleich auch einen bedeutenden Teil seiner wirtschaftlichen Leistungskraft. Die Zahl der schleswig-holsteinischen Erwerbstätigen ging aufgrund dieser Gebietsänderungen in Industrie und Handwerk um rd. 23 000 oder 14 % zurück, während die Erwerbstätigen in der Land- und Forstwirtschaft um rd. 7000 oder 3 % zunahmen.

Ebenfalls von erheblicher Tragweite war die Gesetzgebung des Jahres 1937 für die Hansestadt Lübeck. Lübeck, 1143 durch den Schauenburger Grafen Adolf II. gegründet, wurde von Kaiser Friedrich II. 1226 zur Freien Reichsstadt erklärt. Danach hatte sie jahrhundertelang als Haupt der Hanse herausragende wirtschaftliche und politische Bedeutung. 1801 von den Dänen besetzt, sicherte der Reichsdeputationshauptschluß im Jahre 1803 den Hansestädten Neutralität bei allen Kriegen des Reiches zu. Durch den Wiener Kongreß wurde Lübecks Selbständigkeit bestätigt und die Hansestadt als selbständiges Mitglied in den Deutschen Bund aufgenommen. 1866 trat Lübeck freiwillig dem Norddeutschen Bund und 1868 dem Zollverein bei. Auch die Reichsverfassungen von 1871 und 1919 änderten an der Selbständigkeit Lübecks nichts. Erst im Jahre 1937 wurde Lübeck Preußen einverleibt und als Stadtkreis in die Provinz Schleswig-Holstein eingegliedert. Der Verlust der Selbständigkeit war – auch historisch gesehen – eine einschneidende Maßnahme, die von vielen Lübeckern schmerzlich empfunden wurde. So sind auch die Bemühungen zu verstehen, nach denen Lübecker Bürger sich im Jahre 1956 durch einen Rechtsstreit vor dem Bundesverfassungsgericht vergeblich bemühten, die rechtliche und politische Selbständigkeit der ehemaligen „freien" Hansestadt wiederzuerlangen.

Auch der oldenburgische „Landesteil Lübeck" wurde im Jahr 1937 als Landkreis Eutin in die Provinz Schleswig-Holstein eingegliedert. Ein weiterer Schlußstrich wurde damit unter eine jahrhundertealte territoriale Sonderentwicklung gezogen. Dieses Gebiet war aus dem alten, in Ostholstein gelegenen Bistum Lübeck entstanden. Im Westfälischen Frieden von 1648 wurde seine Reichsunmittelbarkeit als lutherisches Bistum anerkannt. Als solches wurde es 1773 mit Oldenburg und Delmenhorst verbunden. Im Jahre 1803 wurde dieser Landesteil durch den Reichsdeputationshauptschluß säkularisiert und dem damals amtierenden Fürstbischof als erbliches Fürstentum Lübeck übertragen. Im Jahre 1823 wurde das Fürstentum Lübeck mit dem Großherzogtum Oldenburg endgültig vereinigt und verlor seine Reichsunmittelbarkeit. Zu einem einheitlichen Ganzen wuchsen die bis dahin getrennten Landesteile durch die Einverleibung des holsteinischen Amtes Ahrensbök im Jahre 1866 zusammen. Hatte es in der Weimarer Zeit noch amtlich die Bezeichnung „Landesteil Lübeck" des Landes Oldenburg geführt, ging auch diese historische Anbindung mit der Einverleibung durch Preußen verloren.

Das Gesetz von 1937 bestimmte schließlich, daß der Domhof Ratzeburg, der halbinselförmige Stadtteil, sowie fünf bis dahin mecklenburgische Gemeinden zum Landkreis Herzogtum Lauenburg kamen. Diese Gebiete gehörten ursprünglich zum 1154 von Heinrich dem Löwen gestifteten Bistum Ratzeburg. Nachdem es 1236 die Reichsunmittelbarkeit erlangt hatte, wurde das Bistum von 1554 bis 1648 abwechselnd, teilweise auch gemeinschaftlich, von Vertretern der mecklenburgischen und der braunschweig-lüneburgischen Herrscherhäuser regiert. Durch den Westfälischen Frieden 1648 wurde das Bistum säkularisiert und als

erbliches Fürstentum Ratzeburg an den Herzog von Mecklenburg-Schwerin übertragen; später gelangte es in den Besitz des Hauses Mecklenburg-Strelitz. Hatte sich an der mecklenburgischen Zugehörigkeit dieser Gebiete durch die Verfassungen von 1871 und 1919 nichts geändert, bewirkte das Gesetz von 1937 eine neue Gebietsabgrenzung zwischen Preußen und Mecklenburg.
Diese Darstellung soll auch nicht übersehen, daß durch die Reform von 1937 ein „neues Hamburg" entstand. Über Jahrhunderte hinweg gehörte Hamburg, das frühere Hammaburg aus dem 9. Jahrhundert, zu Stormarn. Der ehemalige Hauptort des Gaues Stormarn erhielt mit dem Freibrief Friedrich Barbarossas 1189 wichtige Handels-, Zoll- und Schiffahrtsprivilegien. Schon früh errang Hamburg eine führende Stellung im nordelbischen Handel, die es als Hansestadt machtvoll ausbauen konnte. Erst im 15. Jahrhundert erhielt es die Reichsunmittelbarkeit. Faktisch war Hamburg allerdings aus der Schauenburger Grafschaft Holstein-Stormarn schon mit Barbarossas Freibrief ausgeschieden.

Nachdem es Hamburg gelungen war, seinen Einzugsbereich elbaufwärts systematisch auszudehnen, wurde die Stadt im 19. Jahrhundert zum bedeutendsten Umschlagplatz auf dem europäischen Festland. Als Mitglied des Deutschen Bundes und später des Deutschen Zollvereins wurde es „Deutschlands Tor zur Welt". Stetig konnte es seine Hafeneinrichtungen ausbauen und sich ausdehnen. Die Reichsgesetze 1937 trugen nur dem Umstand Rechnung, daß Hamburg mit den zusammengewachsenen Städten Altona, Wandsbek und Hamburg-Wilhelmsburg eine größere Einheit bildete. Sie beseitigten zugleich die Rivalität zu den benachbarten Häfen auch verwaltungsmäßig.
Die letzte größere Gebietsveränderung für Schleswig-Holstein ereignete sich im Jahre 1945. Damals vereinbarten die britische und die sowjetische Besatzungsmacht, zum Zwecke der Bereinigung der Zonengrenze drei Gemeinden aus dem Lauenburgischen östlich des Schaalsees künftig unter sowjetische Militärverwaltung und vier ehemals mecklenburgische Gemeinden unter britische Militärverwaltung zu stellen. Die zu Schleswig-Holstein geschlagenen Gemeinden gehörten zum Landkreis Schönberg, dem späten Nachfolger des alten Bistums und Fürstentums Ratzeburg. Durch diesen Gebietsaustausch verlor der Kreis Herzogtum Lauenburg 24 km^2 an Fläche.
Vereinzelte, insbesondere dänisch-nationale Bestrebungen, unmittelbar nach dem Zweiten Weltkrieg auch an der Nordgrenze Schleswig-Holsteins Gebietsabtretungen zugunsten Dänemarks herbeizuführen,

scheiterten sowohl an der dänischen Regierung als auch an der britischen Besatzungsmacht.
Der Vollständigkeit halber sei erwähnt, daß Schleswig-Holstein, Niedersachsen und Hamburg 1973 geringfügige territoriale Änderungen im Bereich der Staustufe Geesthacht vereinbarten, um hier einen zweckmäßigen Verlauf der Dreiländergrenze zu erreichen. Nach Anhörung der betroffenen Gemeinden und Gemeindeverbände wurde durch Staatsvertrag geregelt, daß Niedersachsen und Hamburg einige Flurstücke an Schleswig-Holstein abtreten sollten. Hamburg erhielt auch von Niedersachsen einige kleinere Flächen. Die neuen schleswigholsteinischen Gebiete wurden in die Stadt Geesthacht eingegliedert. Bemerkenswert ist schließlich, daß die Rechtsauffassungen zwischen Schleswig-Holstein und Niedersachsen über den Verlauf der gemeinsamen Grenze im Bereich der Elbmündung und der Deutschen Bucht bis heute nicht deckungsgleich sind.
Erst nach über tausend Jahren wechselvoller und zum Teil auch leidvoller Geschichte kam Schleswig-Holstein in seiner äußeren Gestalt zur Ruhe. Manche Grenzziehung wird nach wie vor als schmerzlich empfunden – dies gilt insbesondere für die innerdeutsche Grenze. Im Norden dagegen entstand dank einer umsichtigen Politik eine Grenzregion, die insgesamt gesehen eher aufschließt und bereichert, als daß sie abschottet und trennt. Nach Süden haben weniger territoriale Ansprüche, sondern eher unterschiedliche politische Akzentuierungen das Ausmaß der Zusammenarbeit bestimmt.
„Gut Nachbar" ist Schleswig-Holstein, ist die Landbrücke zwischen Mittel- und Nordeuropa, heute ebenso mit Hamburg wie mit Dänemark. Im Bundesstaat Bundesrepublik Deutschland hat es seine Einbindung nach Süden und über die Gemeinsamkeit in der Europäischen Gemeinschaft seine Anbindung nach Norden. Zu einer offenen Nachbarschaft nach Osten führt nur ein langer Weg. Doch die Geschichte geht weiter.

Vom Ständestaat zur parlamentarischen Demokratie

Verlief das politische Geschehen in Schleswig-Holstein auch in den Bahnen der allgemeinen zeitbedingten Entwicklung, so schlug doch das Pendel weder im Ständestaat noch in der Zeit des fürstlichen Absolutismus extrem aus. Auch die Erhebungen und Revolutionen hier – im Vergleich zu anderen in Europa – waren gemäßigter. Insgesamt zeichneten sich die überdauernden Grundpositionen und das politische Leben im Wandel der Zeiten durch eine eher liberale und tolerante Grundstimmung aus.

Merkmale der Herrschaftsteilung sind in Schleswig-Holstein, aber auch in Lauenburg und natürlich in Lübeck früh erkennbar. So lag die Bedeutung des Ripener Freiheitsbriefes von 1460 vor allen Dingen in der Anerkennung der Rechte der Stände bei der Wahl des Landesherrn. Nur mit erheblichen Zugeständnissen und einer deutlichen Verpflichtung, die Rechte und Freiheiten der Stände zu wahren, konnte der dänische König damals die Wahl zum gemeinsamen Landesherrn erreichen. Die Eigenständigkeit der beiden Herzogtümer stand jedoch im Vordergrund; Unabhängigkeit des Gerichtswesens, Münzprivileg, Steuerbewilligungsrecht oder das Besetzungsrecht für alle Ämter unterstrichen dies.

Gegen Ende des 15. Jahrhunderts kam zum ersten Mal die Bezeichnung „Landtag" als Versammlung der Prälaten, Ritterschaft und Städte auf. Bis zum Ende des 17. Jahrhunderts ging der Einfluß der Städte und der Prälaten im Landtag allerdings zurück, so daß schließlich allein die Ritterschaft dem Landesherrn gegenüberstand.

Ebenfalls bis ins 17. Jahrhundert konnten die gegenüber dem Landesherrn geltend gemachten ständischen Rechte zunächst die Bemühungen des dänischen Königshauses vereiteln, das Erbrecht der dänischen Krone zu festigen. Im Zeitalter des Absolutismus jedoch setzte sich das Fürstenrecht gegen das Ständerecht durch.

In immer größerem Umfang bestimmte das Erbrecht des dänischen Königshauses und des Gottorfer Herzoggeschlechtes die Landesherren anstelle der Wahl durch die Stände. Schließlich erlangte der dänische König durch das Königsgesetz von 1665 die Eingewalt, also die unumschränkte Herrschaft in seinem Reich. Obwohl dieses Gesetz nur nördlich der Königsau galt, führte die dadurch gestützte Königsmacht dennoch zur allmählichen Beendigung der Landtage. So tagte der letzte voll besetzte Landtag im Jahre 1675 in Rendsburg. Ihm folgte nur noch ein von Prälaten und Ritterschaft beschickter Landtag im Jahre 1712.

Im Zeitalter des Gesamtstaates wurde die Außenpolitik zentral gelenkt, ebenso auch die merkantilistisch ausgerichtete Wirtschaftspolitik und die Haushaltsführung. Die Deutsche Kanzlei in Kopenhagen nahm alle Angelegenheiten der Hoheitsverwaltung, der Polizei, der Justiz und der Kirchen für beide Herzogtümer gemeinsam wahr. Zu ihren Aufgaben

gehörte ferner die Gesetzgebung unter der Krone und die oberste Verwaltung der Herzogtümer. Sie überwachte die regionalen Obergerichte in Schleswig und Glückstadt und die Haushaltsmittel der Herzogtümer.
Darüber hinaus blieben den Herzogtümern ausreichende Möglichkeiten, ihre eigenen Angelegenheiten im Inneren selbst zu gestalten. In ihnen stellte nach wie vor die grundbesitzende Ritterschaft einen bedeutsamen Machtfaktor dar. Der zweite Stand des alten Landtages, die Städte, hatte dagegen an Einfluß verloren. Ihre jeweiligen Interessen unterschieden sich zu stark, um neben der Ritterschaft eine ähnliche politische Bedeutung zu behalten. Kaum eine von ihnen konnte vor allem nach den Kriegswirren des 17. und 18. Jahrhunderts bedeutsamen Einfluß auf die Landesgeschicke nehmen.
Der weitaus größere Teil der Gesamtfläche der Herzogtümer war Mitte des 18. Jahrhunderts in der Hand freier Bauernschaften verblieben. Einige verfügten über eigene Rechte und Privilegien, vor allem in den Marschen an der Unterelbe, in Dithmarschen und an der weiteren Westküste. Solche Privilegien beruhten zum großen Teil auf Sonderentwicklungen vor allem in Dithmarschen und Eiderstedt. Beispielhaft für den Kampf der Bauern gegen alle Versuche, eine landesherrliche Regierung durchzusetzen, war der Dithmarscher „Freistaat" seit dem 13. Jahrhundert. Nach der Schlacht bei Hemmingstedt im Februar 1500 unterlag Dithmarschen zwar im Jahre 1559 der gegen sie verbündeten Übermacht von König, Herzog und Ritterschaft, dennoch konnte sich hier eine weitgehende und vielfältige Selbstverwaltung behaupten. Außerhalb Dithmarschens und Nordfrieslands aber stellte die überwiegende Mehrheit der bäuerlichen Bevölkerung in den Herzogtümern zur Zeit des Absolutismus keinen eigenständigen politischen Machtfaktor dar.
Eine Vielzahl regionaler Einrichtungen hatte große Bedeutung, teilweise bis in unsere Zeit. Auf lokaler Ebene blieben die alten Ordnungen ungeachtet der landesherrlichen Entwicklung weitgehend in den Herzogtümern erhalten. Dies galt vor allem für die Vielfalt der Ämter und Landschaften, der Harden und Kirchspiele, der Güter und Köge, mit unterschiedlichen und auch wechselnden Aufgaben. Sie waren charakteristisch für das Leben in der Gemeinschaft.
Das Bemühen der dänischen Krone zu Beginn des 19. Jahrhunderts, die Verwaltung zu zentralisieren, löste in den Herzogtümern erhebliche Opposition aus. Liberale Forderungen verbanden sich mit nationalen Zielen der schleswig-holsteinischen Ritterschaft. Erinnert wurde auch

daran, daß der dänische König – als Mitglied des Deutschen Bundes – dazu verpflichtet war, eine freiheitliche Verfassung zu geben. Er tat dies zwar nicht, mußte jedoch im Zuge der Revolutionsbewegung des Jahres 1830 vier getrennte Ständeversammlungen in den beiden Herzogtümern genehmigen. Diese traten in den Jahren 1835 und 1836 in Itzehoe und Schleswig sowie in Viborg und Roskilde zusammen.
Allerdings besaßen damals nur 2,8 % der städtischen und 1,8 % der ländlichen Bevölkerung das Wahlrecht für die Ständeversammlungen. Auch hatten – im Gegensatz zu den alten Landtagen – diese Versammlungen nicht das Recht zur Steuerbewilligung, sondern nur eine Beratungskompetenz für Gesetzentwürfe. Immerhin bestanden nunmehr öffentlich-rechtliche Gremien, in denen politische Fragen erörtert werden konnten und die der Vorschulung für demokratisches Verhalten dienten.
In der Folgezeit machte sich das mit dem deutsch-schleswig-holsteinischen Nationalbewußtsein verbundene liberale Gedankengut zunehmend bemerkbar. Als der dänische König in seinem „Offenen Brief" 1846 die dänische Erbfolge auch für Schleswig verkündete, forderte die Schleswiger Ständeversammlung nicht nur dessen Zurücknahme, sondern auch eine gemeinsame liberale Verfassung für beide Herzogtümer. Die daraufhin von König Friedrich VII. vorgesehene Verfassung war zwar gemäßigt liberal, bezog sich jedoch auf den Gesamtstaat und schloß Holstein aus.
Im Zuge der sich anschließenden Auseinandersetzungen rief die Provisorische Regierung vom 24. März 1848 die Ständeversammlungen der Herzogtümer Schleswig und Holstein zu einer gemeinsamen Tagung nach Rendsburg ein. 136 Jahre nachdem ein vergleichbares gemeinschaftliches Gremium aufgelöst worden war, tagte am 3. April 1848 zum ersten Mal wieder eine Vereinigte Ständeversammlung beider Herzogtümer. Sie offenbarte in ihrem Folgehandeln ein für die damalige Zeit ungewöhnliches Maß an politischer Eigenständigkeit und demokratischer Gesinnung.
Nach der Konstituierung legte die Provisorische Regierung die übernommene Gewalt in die Hände der Vereinigten Ständeversammlung und beantragte gleichzeitig die Ernennung einer neuen Provisorischen Regierung. Darin kam ihre demokratische Grundauffassung zum Ausdruck, daß eine schleswig-holsteinische Regierung nur aufgrund der Legitimation des „Organs des Volkes" tätig werden könne.
In der Vereinigten Ständeversammlung wurde bald die Forderung erhoben, die Vereinigung der Herzogtümer Schleswig und Holstein auf

eine neue verfassungsrechtliche Grundlage zu stellen. Hierfür mußte eine verfassungsgebende Versammlung berufen werden, die eine schleswig-holsteinische Staatsverfassung verabschieden sollte. Mit diesen Überlegungen verbanden sich die Forderungen nach Einheit der Herzogtümer und nach Anerkennung der Volkssouveränität. Die hier sichtbaren Erwägungen und Interessen sind durchaus vergleichbar mit jenen, die sich in der Paulskirche gegenüberstanden.

Auf Anraten der Ständeversammlung veröffentlichte die Provisorische Regierung ein Wahlgesetz, das unter anderem allen männlichen Einwohnern Schleswig-Holsteins, die das 21. Lebensjahr vollendet hatten, das Wahlrecht einräumte und als Wahlverfahren die reine Persönlichkeitswahl mit Stimmenmehrheit vorschrieb. Als Wahltag wurde der 1. August 1848 festgelegt.

Diese erste schleswig-holsteinische verfassunggebende Landesversammlung, die – abgesehen vom fehlenden Frauenwahlrecht – aus freien, gleichen und geheimen Wahlen hervorging, konstituierte sich am 15. August 1848 in Kiel. Innerhalb kürzester Zeit gelang es der Versammlung, den Text für das neue Staatsgrundgesetz zu erarbeiten. Die Provisorische Regierung genehmigte das Staatsgrundgesetz und veröffentlichte es unter dem Datum des 15. September 1848. In Artikel 1 des Staatsgrundgesetzes hieß es klar und unmißverständlich: „Die Herzogtümer Schleswig-Holstein sind ein einiger, unteilbarer Staat". Ferner erklärte es die Herzogtümer Schleswig-Holstein als Bestandteil des deutschen Staatsverbandes.

Der dritte Abschnitt handelte von den „Staatsbürgern" und enthielt einen Katalog von Grundrechten wie das Gebot der Gleichheit aller vor dem Gesetz, Religionsfreiheit, die Freiheit und Unverletzlichkeit der Person, die Eigentumsgarantie sowie die Gewährleistung des Briefgeheimnisses, der Versammlungs-, Meinungs- und Prozeßfreiheit.

Dem Grundgesetz der Gewaltenteilung gemäß sollte der Herzog – nach Vorstellung der Landesversammlung der Augustenburger – die vollziehende Gewalt ausüben und gemeinsam mit dem Parlament, der Landesversammlung, die gesetzgebende. Der „Staatsrat", zusammengesetzt aus ernannten Ministern, bildete die Landesregierung. Das allgemeine Wahlrecht zur Landesversammlung sollte nur die Hälfte der Abgeordneten hervorbringen; für die andere Hälfte der Landesversammlung galt ein besonderes Verfahren. Danach erhielten die Städte, Gemeinden und Güter die Möglichkeit, Abgeordnete zu wählen, wobei nur Grundbesitzer und Gewerbetreibende das Wahlrecht hatten.

Die Entstehung des Staatsgrundgesetzes für die Herzogtümer Schleswig-Holstein ist in der deutschen Verfassungsgeschichte deshalb ohne Beispiel, weil es damals keinen Landesfürsten als Inhaber der hoheitlichen Gewalt in den Herzogtümern, sondern „nur" eine Provisorische Regierung gab, die ihre Legitimation auf eine Volkserhebung und auf eine demokratische Grundlage stellte, die von der Mehrheit der Bewohner getragen war. Das Staatsgrundgesetz blieb zunächst – auch nach dem Rücktritt der Provisorischen Regierung am 22. Oktober 1848 – in Kraft. Warum es nicht nur faktisch, sondern auch juristisch galt, soll hier nicht näher begründet werden. Jedenfalls sind der Geist der Erhebung von 1848, die Persönlichkeiten, die diese Zeit hervorgebracht hat und die ihrerseits das Staatsgrundgesetz schufen, beispielhaft für die schleswig-holsteinische Geschichte. Erst am 2. Februar 1851 wurde das Staatsgrundgesetz von der dänischen Regierung ausgesetzt. Gerade diese Außerkraftsetzung unterstreicht, daß das Staatsgrundgesetz wirksam gewesen ist. Davon unbeschadet bleibt die faktische Wirkung, die es entfalten konnte. Aufgrund der Legitimation der Provisorischen Regierung und insbesondere der verfassunggebenden Landesversammlung bedeutet der Erlaß des Staatsgrundgesetzes für die Herzogtümer, daß ein Staat Schleswig-Holstein zumindest nach innen entstanden war.

Die schleswig-holsteinische Erhebung von 1848 war mehr als ein Manifest für die Einheit der beiden Herzogtümer unter dem Dach des Deutschen Reiches. Sie betonte nachdrücklich das Bestreben der Schleswig-Holsteiner nach verfassungsmäßig gesicherter Freiheit. Nur schwer konnte sich die Bevölkerung in den beiden Herzogtümern mit der preußischen Zentralverwaltung und der Angleichung der vorhandenen Rechts- und Verwaltungsordnung an die Grundzüge der preußischen Normen abfinden. Gleichwohl führte die preußische Staatsregierung zielstrebig ihre Provinzialordnung auch in Schleswig-Holstein ein. Blieben zunächst die Regierungen in Schleswig und Kiel beibehalten, wurden sie 1868 in einer neuen preußischen Provinz mit einem einzigen Regierungsbezirk „Schleswig" vereinigt.
Der Vertreter der preußischen Krone, der Oberpräsident, nahm – bis auf die Zeit von 1897 bis 1917 in Schleswig – seinen Sitz in Kiel; seit 1889 trat ein selbständiger Regierungspräsident an die Spitze des Regierungsbezirkes. Entsprechend der neuen provinzialständischen Verfassung vom 22. September 1867 gingen die kleinen Bezirke, mit ihren Kögen und Gütern, Städten, Klöstern, Ämtern und Landschaften in den neuen Landkreisen auf. An die Stelle unterschiedlicher Ständever-

sammlungen trat der Vereinigte Schleswig-Holsteinische Provinziallandtag. Er bestand zunächst aus je 19 Vertretern des Großgrundbesitzes, der Städte und der Landgemeinden. Später wurden seine Mitglieder von den Kreistagen und Stadtverordnetenversammlungen gewählt. Der Provinziallandtag wurde bald zu einer wichtigen Einrichtung im politischen Leben Schleswig-Holsteins. In dem Maße, in dem er auch über staatliche Zuwendungen regelmäßig verfügen konnte, erfüllte er wichtige Aufgaben in kulturellen, sozialen und wirtschaftlichen Angelegenheiten. Seine Tagungen waren, wie die der anderen kommunalen Vertretungskörperschaften, öffentlich. Er konnte über kommunale Angelegenheiten der Provinz selbständig beschließen, war in wichtigen Angelegenheiten jedoch der Genehmigung der Staatsregierung unterworfen.

Neben dem Provinziallandtag konnte sich auch das kommunale politische Leben in Kreisen, Städten und Gemeinden rasch entfalten. Die schleswig-holsteinische Städteordnung aus dem Jahr 1869 galt als liberal und modern, zumal sie das Dreiklassenwahlrecht nicht kannte. Die preußische Kreisordnung und Landgemeindeordnung sahen für Schleswig-Holstein Kreistage und Kreisausschüsse, Landräte und Amtsvorsteher sowie Gemeindevertretungen vor. Noch heute gelten grundlegende Elemente des in den Jahren 1888 und 1891 eingeführten kommunalen Verfassungsrechts in vielen wesentlichen Zügen.

Die Revolution ging im November 1918 von der Flotte in Kiel aus. In den Wahlen zur Nationalversammlung im Januar 1919 bekannten sich die Schleswig-Holsteiner mit überwältigender Mehrheit zur jungen deutschen Republik. Der Übergang von der Monarchie zur Republik veränderte Schleswig-Holsteins Stellung in Preußen und im Reich kaum. Schleswig-Holstein blieb im Rahmen der preußischen Verfassung vom 30. November 1920 Provinz des Freistaates Preußen. Allerdings wurden nach dem preußischen und deutschen Staatsrecht die Provinzen an der überregionalen Gesetzgebung beteiligt. So wählte der Provinziallandtag drei Vertreter aus Schleswig-Holstein in den Preußischen Staatsrat. Ebenfalls 13 der 27 preußischen Reichsvertreter wurden von den Provinzialausschüssen gewählt und nicht – wie in den anderen Ländern – von den Staatsregierungen allein bestimmt. Ferner schrieb die preußische Verfassung die Anwendung des in der Reichsverfassung verankerten Grundsatzes allgemeiner, gleicher, unmittelbarer und geheimer Wahlen ebenfalls zu den Gemeindevertretungen, Kreistagen und dem Provinziallandtag vor.

Trotz des vielfältigen Eigenlebens wirkte sich die zentralistische Gestaltung des öffentlichen Lebens zunehmend auch in Schleswig-Holstein aus. Besonders der rasante Aufschwung von Technik und Industrie förderte die Einebnung historisch gewachsener Besonderheiten. Ihren Höhepunkt erreichte diese Entwicklung mit der Errichtung der nationalsozialistischen Diktatur im Jahre 1933. In formaler Hinsicht änderte sich zwar wenig. In Wirklichkeit jedoch war Schleswig-Holstein nicht mehr eine verhältnismäßig selbständige preußische Provinz, sondern ein in politischer und wirtschaftlicher Hinsicht wenig bedeutender Teil eines totalitär gelenkten Staates.
Provinziallandtag und Provinzialausschuß wurden aufgehoben. Der Oberpräsident wurde direkt der Reichsregierung unterstellt und erhielt entsprechend dem Führerprinzip bisher nicht gekannte Herrschaftsbefugnisse. Das liberale und demokratische kommunale Verfassungsrecht wurde aufgehoben und vereinheitlicht. Anstelle der gewählten Gemeindevertretungen trat ein in Gemeindeangelegenheiten unumschränkt herrschender Bürgermeister. Der nationalsozialistische Oberpräsident Hinrich Lohse war zugleich NS-Gauleiter. Die politische Gleichschaltung Schleswig-Holsteins war vollkommen.
Viele Gründe hatten mit dazu beigetragen, daß auch in Schleswig-Holstein die NSDAP bei den Wahlen insbesondere des Jahres 1932 so viele Stimmen gewinnen konnte – unbeschadet der generellen Problematik von Wahlen in der damaligen Zeit: die Auswirkungen der Weltwirtschaftskrise von 1929 bis 1933 auf die stark landwirtschaftlich und mittelständisch ausgerichtete Bevölkerung, die kompromißlose Haltung der Parteien untereinander, eine im Norden nach Dänemark hin entstandene nationale Frage, ein Bruch in der allgemeinen Entwicklung der Lebensbedingungen und ein eigenständiges Selbstbewußtsein gegenüber der Reichshauptstadt Berlin.
Demokratisches Bewußtsein hatte sich in weiten Kreisen der Bevölkerung nicht fest genug verwurzeln können und war nicht genügend über die staatlichen Instanzen oder über die gesellschaftlichen Verbände sowie Kultureinrichtungen verankert worden.
Die politische Auseinandersetzung war – wie im gesamten Reichsgebiet – auch in Schleswig-Holstein von Gewalt gekennzeichnet: Kundgebungen, Aufmärsche und Versammlungen waren von politischen Gewaltakten gegen Andersdenkende begleitet; mit rücksichtsloser Gewalt gingen die militanten NS-Gruppierungen vornehmlich gegen Kommunisten, Sozialdemokraten und jüdische Mitbürger vor; auch auf schleswig-holsteinischem Boden entstanden Konzentrationslager, allein im

heute hamburgischen Neuengamme wurden bis 1945 etwa 55 000 Menschen ermordet.
Der nationalsozialistische Staat trat die Menschen- und Bürgerrechte mit Füßen. In ihm erlebten Menschen und Mitbürger tiefstes Leid; viele wollten und konnten das Land verlassen, die Mehrzahl duldete oder mußte das alle Lebensbereiche total erfassende Regime erdulden; nur wenigen war es möglich, aktiv Widerstand zu leisten.
Mit dem Ausbruch des Zweiten Weltkrieges mußten auch die Schleswig-Holsteiner das Erbe des NS-Staates antreten. Zwar blieb das Land von Kampfhandlungen größtenteils verschont; den Luftangriffen fielen jedoch unter anderem die Hauptstadt Kiel und große Teile Lübecks zum Opfer. Schicksalsstunden der Geschichte spielten sich schließlich in Schleswig-Holstein ab, als das zuletzt nach Flensburg-Mürwik verlegte Oberkommando der deutschen Wehrmacht hier am 8. April 1945 bedingungslos kapitulierte. Auch die letzte deutsche Reichsregierung unter Großadmiral Karl Dönitz hatte sich hierhin zurückgezogen.
Nach dem Ende des Zweiten Weltkrieges wurde die Staatsgewalt in Schleswig-Holstein vorübergehend durch die britische Besatzungsmacht ausgeübt. Sie fand in Schleswig-Holstein eine den Verhältnissen entsprechend gut funktionierende Provinzialverwaltung vor, die in wichtigen Grundzügen die nationalsozialistische Diktatur überdauert hatte. Wenn auch die Provinz gleichgeschaltet worden war, entsprach sie in ihrem Aufbau dennoch der überlieferten preußischen Tradition. Die britische Besatzungspolitik war zunächst darum bemüht, auf dieser überkommenen Verwaltungsstruktur aufzubauen beziehungsweise – soweit sie während des Nationalsozialismus willkürlich verändert worden war – sie nach dem alten preußischen System herzustellen.
Dem Entgegenkommen der Besatzungsmacht und insbesondere den Anstrengungen der ersten ernannten und gewählten Oberpräsidenten beziehungsweise Ministerpräsidenten Theodor Steltzer (CDU) und Hermann Lüdemann (SPD) und ihren Mitarbeitern war es zu verdanken, daß in verhältnismäßig sehr kurzer Zeit die Grundlagen für eine parlamentarische Demokratie geschaffen werden konnten. Die ersten ernannten und später gewählten Landtage, die ersten freien Kommunal- und Landtagswahlen und insbesondere die vorläufige und dann endgültige Landesverfassung markieren wesentliche Stationen am Anfang des demokratischen Landes Schleswig-Holstein.

Schleswig-Holsteins
Aufbruch in die Gegenwart II

Die Lage im Jahr 1945

Vom unmittelbaren Kriegsgeschehen war Schleswig-Holstein sehr unterschiedlich betroffen. Während Städte wie Kiel oder Lübeck zu großen Teilen zerstört wurden, blieben andere Regionen völlig verschont. Mit voller Härte jedoch trafen die Folgen der Niederlage das ganze Land: Seit dem Winter 1944/45 strömten Hunderttausende von Flüchtlingen und Vertriebenen aus Pommern, Ost- und Westpreußen, Schlesien und Danzig sowie die Heeresverbände aus dem Osten, Süden und Norden in diese Region. Viele Wirtschafts- und Industrieanlagen – umfangreich für die Rüstung genutzt – waren teils zerstört, teils wurden sie demontiert. Mit der Teilung Deutschlands gingen für Schleswig-Holstein selbstverständliche Anbindungen auch wirtschaftlicher Art an Mittel- und Ostdeutschland verloren. Der Handel insbesondere über die Ostsee schrumpfte auf ein Minimum. Nachdem der Hauptzustrom von über einer Million Heimatvertriebenen und Flüchtlingen abgeschlossen war, fehlten über eine halbe Million Arbeitsplätze im Land – ebenso viele also, wie vorher an Arbeitsplätzen insgesamt vorhanden waren.

Vor diesem Hintergrund war vordringliches Ziel aller Maßnahmen der Nachkriegszeit, die aus heutiger Sicht unvorstellbare Not zu lindern. Die Bevölkerungszahl des Landes mußte so weit vermindert werden, daß dieser Raum die Menschen auch wirtschaftlich und sozial tragen konnte. Es galt, alle Möglichkeiten auszuschöpfen, die sich aus der Natur des Landes, seinem bisherigen Wirtschaftsaufbau, seiner Standortsituation und seiner Verkehrslage ergaben, um Arbeitsplätze zu schaffen. Die zusätzlich im Lande verbliebene Bevölkerung brauchte gesicherte Existenzmöglichkeiten. Große Teile der Bevölkerung mußten im Lande selbst umgesiedelt werden, um die regional unterschiedlichen Voraussetzungen für den Wirtschaftsaufbau, für den Wohnungsbau und für Erwerbsmöglichkeiten so gut wie möglich zu nutzen. Auf den Grundlagen einer freiheitlich-demokratischen Staats- und Rechtsordnung sollten politisches Leben und bürgernahe Verwaltung entstehen. In äußerstem Maße angespannt war die Ernährungslage im Lande. Der Zustrom der Flüchtlinge hatte in nicht geringem Maße dazu beigetragen. War die Lebensmittelversorgung während des Krieges zwar knapp, aber ausreichend, so verschlechterte sie sich nach Kriegsende drastisch.

Der sehr strenge Winter 1946/47 verschärfte diese Situation noch. Die Reserven wurden bis zum Äußersten ausgeschöpft. Die Unruhe innerhalb der Bevölkerung spiegelte die katastrophale Lage wider. Zwei entscheidende Faktoren trugen dazu bei, daß allmählich eine Besserung eintrat. Einmal die Hilfe aus den USA: Die im Februar 1947 eingeleitete „Hoover-Speisung" stellte sicher, daß viele Schulkinder eine Mahlzeit in der Schule erhielten. Der Marshall-Plan stelle die Weichen für den Beginn der wirtschaftlichen Aufwärtsentwicklung insgesamt. Beide Maßnahmen bedeuteten eine wichtige Hilfe in diesen schweren Jahren. Mindestens ebenso wichtig waren jedoch die innerstaatlichen Wirtschaftsmaßnahmen. Die Währungsreform war der eine entscheidende Einschnitt. Die Bewirtschaftung der Hauptnahrungsmittel, die damals generell galt, wurde zwar noch für eine weitere Zeit beibehalten. Mit der Reform wurde jedoch zum Ausdruck gebracht, daß die Freigabe der Bewirtschaftung über kurz oder lang erfolgen würde. So konnten bereits Mitte 1948 die bis dann geltenden Preisvorschriften für einige Nahrungsmittel wie Obst, Gemüse, Geflügel oder Eier aufgehoben werden.

Der zweite wichtige Schritt zur Verbesserung der Ernährungslage wurde durch den allgemeinen Anstieg der Produktion von Nahrungsmitteln im Lande getan. Der Fortfall der Zwangsbewirtschaftung ging parallel mit einer deutlichen Zunahme der landwirtschaftlichen Erzeugung. So wurde 1949 beispielsweise gegenüber dem Vorjahr 40 % mehr Milch erzeugt; die Schweinebestände erhöhten sich sogar um knapp 70 %. Einsatz und Leistungssteigerung der Landwirtschaft trugen somit wesentlich dazu bei, die ausreichende Versorgung der Menschen im Lande mit Lebensmitteln sicherzustellen. Diese Fakten sollten nicht übersehen werden, wenn die Landwirtschaft heute überwiegend im Zusammenhang mit Problemen der Überschußproduktion gesehen werden muß.

Schleswig-Holstein wird demokratisches Bundesland

Die Tatsache, daß Schleswig-Holstein preußische Provinz war, blieb für den Beginn der staatsrechtlichen Entwicklung nach dem Zusammenbruch zunächst von Bedeutung. Die britische Militärregierung nahm die seit 1933 bestehende Zusammenfassung der staatlichen und provinzialen Verwaltung unter dem Oberpräsidenten zur Grundlage für die erste Neuordnung des Landes.

Die Ernennung Theodor Steltzers (CDU) zum Oberpräsidenten im November 1945 bedeutete in diesem Zusammenhang ein klares Bekenntnis zum parlamentarisch-demokratischen Aufbau in Schleswig-Holstein; es war ein erster entscheidender Schritt auf dem Weg zur Verselbständigung der Provinz.

In dem Maße, in dem die Militärregierung dem Oberpräsidenten mehr Machtbefugnisse einräumte, wurde die Frage nach der parlamentarischen Kontrolle dringlicher. Diese Aufgabe wurde dem am 26. Februar 1946 Ersten Ernannten Schleswig-Holsteinischen (Provinzial-)Landtag zugedacht. Er setzte sich aus 40, später 60, von der Militärregierung ernannten Persönlichkeiten, aus Vertretern der Kreise, der Parteien, Kirchen und Berufsverbände zusammen. Dieser Landtag bildete sogenannte Hauptausschüsse, die die Verwaltung kontrollieren, aber auch leiten sollten. Deren Vorsitzende wurden im Juni 1946 in Landesminister, der Oberpräsident im August 1946 in Ministerpräsident umbenannt. Hatte der Erste Ernannte Landtag somit die Grundlagen für die verwaltungsmäßig größere Selbständigkeit Schleswig-Holsteins geschaffen, galt dies in eingeschränkter Weise auch für das politische Leben. Die vorläufige Verfassung, die der Landtag am 12. Juni 1946 in zweiter Lesung annahm, sollte zwar die parlamentarisch-demokratische Ordnung in Schleswig-Holstein begründen, trug jedoch – insbesondere im Verhältnis der Legislative zur Exekutive – stark provinziale Züge. So sollte zum Beispiel die Landesregierung, ähnlich wie ein kommunaler Magistrat, ein verwaltungsleitender Ausschuß des Parlaments sein.

Von zentraler Bedeutung für die Zukunft des Landes war die Verordnung Nr. 46 der Militärregierung. Sie löste mit Wirkung vom 23. August 1946 die bisherigen Provinzen des Landes Preußen auf. Durch die zunächst vorläufige Umwandlung in ein selbständiges Land verloren die Landesbewohner ihre preußische Landeszugehörigkeit und erwarben die schleswig-holsteinische. Der Weg Schleswig-Holsteins zum selbständigen Land im staatsrechtlichen Sinne war allerdings erst am 25. Februar 1947 beendet, als durch Kontrollratsgesetz Nr. 46 verfügt wurde, daß der preußische Staat aufgelöst sei und daß die inzwischen aus den Provinzen neugebildeten Länder, also auch Schleswig-Holstein, endgültig die ehemals preußischen Staats- und Verwaltungsfunktionen in eigener Zuständigkeit für ihren Hoheitsbereich übernehmen sollten. Durch die Verordnung Nr. 46 der Militärregierung wurden die im heutigen Sinne gültigen Prinzipien der Gewaltenteilung verankert. Mit der Umbenennung des Oberpräsidenten in Ministerpräsident konnte eine echte Landesregierung gebildet werden. Die Minister wurden hauptamtliche Regierungsmitglieder und übernahmen die Leitung und Verantwortung der Ministerien. Der entscheidende Schritt war damit von der provinzialen zur parlamentarisch-demokratischen Regierung getan. Die Minister kontrollierten nicht mehr die Verwaltung, sie leiteten sie und wurden darin vom Parlament kontrolliert. Diese Aufgaben nahm vorrangig der Zweite Ernannte Landtag wahr. Seine Zusammensetzung war insofern stärker parlamentarisch geprägt, als sie das Ergebnis der ersten freien Wahl in Schleswig-Holstein, der Kommunalwahl vom 15. September 1946, berücksichtigte.

Die Periode des Zweiten Ernannten Landtages dauerte vom Dezember 1946 bis zum April 1947. In dieser Zeit beschränkte sich die Tätigkeit der Besatzungsmacht stärker als vorher auf Kontroll- und Bestätigungsaufgaben. Damit trug die Militärregierung dem Umstand Rechnung, daß in Schleswig-Holstein inzwischen ein demokratisches Verfassungsleben aufgeblüht war, das danach strebte, eigenverantwortlich die Probleme des Landes zu lösen.
Bereits im Jahre 1946 also nahm der britische Einfluß auf die Gestaltung des Verfassungslebens im Sinne einer „Demokratisierung und Dezentralisierung der örtlichen und Gebietsregierung" kontinuierlich ab. Der teilweise experimentelle und pädagogische Charakter der Politik der Besatzungsmacht im Sinne einer „künstlichen Revolution" genügte einerseits nicht den elementaren Bedürfnissen der Menschen nach Beherbergung und Bekleidung, Verpflegung und Brennmaterial. Andererseits ließen die weltpolitischen Veränderungen seit 1946, der Zerfall der Anti-Hitler-Koalition und die Notwendigkeit, einen eigenständigen westdeutschen Staat zu schaffen, keinen Raum, eine andauernde Umerziehungspolitik zu verwirklichen. Nachhaltig jedoch hat die Verfassungspolitik der britischen Besatzungsmacht die staatsrechtliche Ordnung Schleswig-Holsteins geprägt. Die Existenz des Landes Schleswig-Holstein ist das entscheidende Ergebnis dieser Politik. Vorhaben, die über diesen verfassungs- und verwaltungsrechtlichen Rahmen hinausgingen, konnten wegen der starken Eigendynamik des geistigen, kulturellen, wirtschaftlichen und sozialen Lebens in Schleswig-Holstein in nur mäßigem Umfange verwirklicht werden. Durchgesetzt hat sich im Lande zunächst die in ihren Grundzügen widerstandsfähig gebliebene

Gesellschaftsstruktur aus der vor-nationalsozialistischen Zeit, wenn es auch sehr früh durch die Eingliederung von Vertriebenen und Flüchtlingen zu einem erheblichen gesellschaftlichen Umbruch kam. Ausdruck dieser Entwicklung war der Erste Gewählte Landtag, der nach der Landtagswahl zusammentreten und zum ersten Mal selbst den Regierungschef wählen konnte. Dieser Vorgang bestätigte, daß Schleswig-Holstein nach hundert Jahren erneut ein zusammenhängendes und einheitliches deutsches Staatsgebilde mit eigenem Parlament und eigener Regierung war. Bei der ersten freien Landtagswahl in Schleswig-Holstein waren die Bürger sich in der Vorstellung einig, daß dieses Parlament alle wichtigen Voraussetzungen für das künftige staatliche Leben in Schleswig-Holstein schaffen würde. Dazu gehörten sowohl die Wahl des Ministerpräsidenten als auch die Verabschiedung einer geschriebenen Verfassung. Der Erste Gewählte Schleswig-Holsteinische Landtag war deshalb mehr als ein Parlament im allgemeinen Sinne des Wortes. Er war nach dem Willen des Volkes zugleich Verfassunggeber, was die oppositionelle CDU 1949 allerdings in Zweifel zog.
Dementsprechend kündigte der neue und erste gewählte Ministerpräsident Hermann Lüdemann (SPD) in seiner Regierungserklärung vom 8. Mai 1947 an, daß eine der vordringlichen Aufgaben die Schaffung einer neuen Landesverfassung sei. Die Landesregierung legte dann allerdings erst gegen Ende der dreijährigen Wahlperiode einen Verfassungsentwurf vor. Sie begründete die zeitliche Verzögerung mit rechtlichen und tatsächlichen Unklarheiten über die künftige Rolle Schleswig-Holsteins im Bundesstaat; ihr schwebte die Bildung eines größeren norddeutschen Bundeslandes vor. Die CDU-Opposition kritisierte, daß der Landtag in seiner alten Zusammensetzung nur wenige Monate vor der nächsten Landtagswahl mit einfacher Mehrheit eine Verfassung beschließe, die wichtige gesellschaftspolitische Regelungen – etwa auf dem Gebiet der Schulreform oder der Bodenreform – enthalte. Diese konnten vom neu zu wählenden Landtag wiederum nur mit Zweidrittelmehrheit verändert werden.
In der Tat stellt sich die Frage, ob es politisch glücklich war, daß der Erste Gewählte Landtag in diesen parteipolitisch umstrittenen Fragen kurz vor Ende seiner Tätigkeit mit einfacher Mehrheit wichtige Verfassungsentscheidungen durchsetzte. Jedoch stand die Legitimation des Landtages zur Verabschiedung einer geschriebenen Verfassung während der gesamten ersten Legislaturperiode außer Frage.
Von der Mehrheit der Landesverfassung anderer Bundesländer unterscheidet sich die vom Landtag am 13. Dezember 1949 verabschiedete

schleswig-holsteinische Landessatzung dadurch, daß sie keinen Grundrechtskatalog enthält. In der dazu vorgelegten Begründung seitens der Landesregierung heißt es: „Der Entwurf hat davon abgesehen, einen umfassenden Grundrechtskatalog aufzustellen. Auch diese Tatsache steht nicht im Widerspruch zum Grundgesetz, sondern liegt bei richtiger Würdigung in seinem Sinn. Die im Grundgesetz verankerten Grundrechte sind auch in Schleswig-Holstein unmittelbar geltendes Recht. Ihre Wiederholung in der Landessatzung wäre daher nicht nur überflüssig, sondern auch rechtlich wirkungslos."
Wiederum im Unterschied zu den Verfassungen anderer Bundesländer enthält die schleswig-holsteinische Landessatzung einen eigenen Artikel über Minderheitenrecht: „Das Bekenntnis zu einer nationalen Minderheit ist frei; es entbindet nicht von den allgemeinen staatsbürgerlichen Pflichten."
Noch eine bemerkenswerte Feststellung kommt hinzu: Die Schöpfer der Landessatzung gingen bei den Beratungen zunächst davon aus, daß Schleswig-Holstein als Bundesland kein Staat sein könne. Das „Land" Schleswig-Holstein wurde als Provisorium gesehen. Es sollte keine abschließende staatsrechtliche Neuordnung geschaffen, sondern der bestehende Zustand sinnvoll geordnet werden. Dies erklärt auch den Inhalt der Landessatzung als Organisationsstatut.
Die Landessatzung wurde auf Anregung der britischen Besatzungsmacht mit Schreiben der Hohen Alliierten Kommission vom Januar 1950 ausdrücklich nicht abgelehnt. Sie wurde am 12. Januar 1950 im Gesetz- und Verordnungsblatt verkündet und in Kraft gesetzt. Die Landessatzung für Schleswig-Holstein war die erste Verfassung eines Bundeslandes, die nach dem Grundgesetz für die Bundesrepublik Deutschland vom 23. Mai 1949 und dem Besatzungsstatut vom 21. September 1949 in Kraft getreten war. Sie ist Ausdruck einer freiheitlich-demokratischen Rechts- und Staatsordnung, deren Wurzeln weit in die Geschichte zurückreichen. Nach den Änderungen vom November 1950, die grundsätzliche Bedenken vor allem hinsichtlich der Bodenreform und des Schulwesens ausräumten, wurde die Landessatzung von allen politischen Parteien als Grundlage für ein lebendiges politisches Gemeinwesen im Lande uneingeschränkt anerkannt.
Der Wandel innerhalb der Bevölkerung und der politischen Kräfte in den Beziehungen zum eigenen Land wird besonders deutlich bei der Frage der Neugliederung des Bundesgebietes. Schon in den Jahren 1946 bis 1948 waren viele Politiker sich im klaren, daß die bestehende territoriale Gliederung, von vielen Zufälligkeiten bestimmt, nicht endgültig

und von Dauer sein müsse. Auch in Schleswig-Holstein war man sich bei der Erstellung der Landessatzung durchaus bewußt, im Zusammenhang mit der Neugliederung des Bundesgebietes seine Stellung als selbständiges Bundesland wieder verlieren zu können. Art. 53 Abs. 2 der Landessatzung sieht vor, daß mit dem Wirksamwerden einer solchen Neugliederung die Landessatzung außer Kraft tritt.

Rückblickend jedoch ist festzustellen: Schleswig-Holstein hat sich als Land der Bundesrepublik Deutschland rasch gefestigt. Es hat das Provisorium seiner Gründung unter der Besatzungsherrschaft schnell überwunden und sich als Land mit Staatsqualität profiliert. Es hat sich im Bewußtsein seiner Bürger verfestigt. Es hat unter Wahrung seiner Staatlichkeit in allen Bereichen, in denen es notwendig erschien, im Wege der Zusammenarbeit mit anderen Ländern den kooperativen Föderalismus gefördert.

Die Einheit und Selbständigkeit Schleswig-Holsteins wird heute von praktisch niemandem in Frage gestellt. Die staatsrechtliche Stellung Schleswig-Holsteins nach Grundgesetz und Landessatzung ist mit den Zielen des Staatsgrundgesetzes von 1848 durchaus vergleichbar: Schleswig und Holstein bilden ein einheitliches staatliches Gemeinwesen, das der deutschen Föderation bzw. dem deutschen Bundesstaat zugehört. Nur territorial gibt es gravierende Unterschiede: 1848 gehörten Nordschleswig und Altona noch dazu, aber Lauenburg, Lübeck und Eutin noch nicht. 1949 war es umgekehrt. Diese gravierenden territorialen Veränderungen bezeugen nun nicht eine gebietliche Wechselhaftigkeit Schleswig-Holsteins. Sie sind Folgen der gewaltigen Auseinandersetzungen, die es um und in Schleswig-Holstein seit Jahrhunderten gegeben hat.

Eine leistungsfähige Verwaltung

Die Britische Militärregierung ernannte bereits am 14. Mai 1945 mit Dr. Otto Hoevermann einen sie beratenden Oberpräsidenten. Diesem wurden Aufgaben der Provinzialverwaltung zugewiesen. Mit Wirkung vom 15. November 1945 wurde Theodor Steltzer neuer Oberpräsident. Entscheidende verfassungspolitische Impulse gehen auf ihn zurück. Ihm schwebte der Aufbau einer selbständigen schleswig-holsteinischen

Landesverwaltung vor, wobei die Exekutive einem gewählten Landtag verantwortlich sein sollte.

Im Dezember 1945 wurde die Verwaltung des Regierungspräsidenten aufgelöst und seine Befugnisse auf das Oberpräsidium übertragen. Die damit gleichzeitig gestellte Frage nach der künftigen Landeshauptstadt wurde zugunsten Kiels entschieden. Schleswig sollte durch verschiedene Behörden, insbesondere das Oberlandesgericht, „entschädigt" werden.

Als weiteren wichtigen Schritt zum Aufbau einer selbständigen Verwaltung ernannte die Militärregierung im Februar 1946 einen Provinzialbeirat als provisorischen Landtag mit beratenden Aufgaben (Erster Ernannter Landtag). Er wählte Hauptausschüsse für die Bereiche Inneres, Haushalt und Finanzen, Landwirtschaft, Wirtschaft, Volksbildung, Volkswohlfahrt und Gesundheit. Als Vorläufer der Ministerialverwaltung in der ab Mai 1946 genehmigten Bezeichnung „Landesregierung" nahmen diese Hauptausschüsse mit dem Oberpräsidenten zentrale Aufgaben, insbesondere zur Überwindung der Nachkriegsnöte und des Neuaufbaues wahr.

Die „Vorläufige Verfassung des Landes Schleswig-Holstein" vom Juni 1946 bestärkte die demokratisch-parlamentarischen Grundsätze, die zur Bildung der Landesregierung nach den ersten freien Landtagswahlen vom April 1947 führten. Insgesamt schufen die ersten beiden Ernannten und der Erste Gewählte Landtag die Voraussetzungen dafür, daß Schleswig-Holstein in ein demokratisches Verfassungsleben eintreten und daß die Verwaltung des Landes Schritt für Schritt im Sinne eines freiheitlichen demokratischen Rechtsstaats geordnet werden konnte. Die Landessatzung vom 13. Dezember 1949 schreibt diese Prinzipien verfassungsrechtlich fest. Mit ihrem Erlaß ist die Befugnis zur Organisation der Verwaltung, zur Regelung der Zuständigkeiten sowie des Verwaltungsverfahrens auf den schleswig-holsteinischen Gesetzgeber übergegangen. Art. 38 Abs. 2 der Landessatzung bestimmt: „Die Organisation der Verwaltung sowie die Zuständigkeiten und das Verfahren werden durch das Gesetz bestimmt."

Der Landtag ist im Jahre 1967 diesem Auftrag der Landessatzung mit der Verabschiedung des „Allgemeinen Verwaltungsgesetzes für das Land Schleswig-Holstein" gefolgt. In einem ersten Teil regelt das Landesverwaltungsgesetz in 52 Paragraphen die Verwaltungsorganisation. Der zweite Teil enthält ausführlich Regelungen zum Verwaltungsakt und öffentlich-rechtlichen Vertrag. Erstmalig wurde das Planfeststellungsverfahren geschlossen niedergeschrieben. Ein weiterer Teil des

Gesetzes ist jeweils der Regelung des Rechts der öffentlichen Sicherheit und Ordnung, der Ausübung des unmittelbaren Zwanges sowie der Vollstreckung öffentlich-rechtlicher Geldforderungen vorbehalten. Träger der öffentlichen Verwaltung in Schleswig-Holstein sind neben dem Land die Gemeinden, die Kreise und die Ämter. Vorrangig für das demokratische politische Leben in Schleswig-Holstein war von Anfang an der Gedanke der Selbstverwaltung. Dieses Prinzip lag der Gemeindeordnung vom 24. Januar 1950, der Kreisordnung vom 27. Februar 1950 und der Amtsordnung vom 17. Juni 1952 zugrunde. Die Mitwirkung des Bürgers, die ehrenamtliche Gestaltung des öffentlichen Lebens hat darin einen besonderen Stellenwert. Soweit möglich, werden den Gemeinden Möglichkeiten eingeräumt, Verwaltungsaufgaben bürgernah vor Ort zu verwalten.

Die Gestaltung des öffentlichen Lebens für den Bürger und mit dem Bürger blieb oberstes Ziel auch bei der Gliederung des Landes in Gemeinden und Kreisen. 1959 nahmen insgesamt 1371 Gemeinden Selbstverwaltungsaufgaben wahr. Die Erhaltung der Leistungsfähigkeit der kommunalen Selbstverwaltung stand im Mittelpunkt der Überlegungen zur kommunalen Gebietsreform Ende der 60er, Anfang der 70er Jahre. Bedeutsam war das zweite Gesetz einer Neuordnung von Gemeinde- und Kreisgrenzen sowie Gerichtsbezirken vom April 1970. Danach wurde die Zahl der siebzehn Kreise auf zwölf vermindert, neun Kreise wurden aufgelöst und zu vier größeren Kreisen verbunden. Die vier kreisfreien Städte wurden durch Eingemeindung gebietsmäßig vergrößert, teilweise nahezu verdoppelt. Mit der Zusammenlegung der Kreise Schleswig und Flensburg-Land nach den Kommunalwahlen 1974 bestehen nunmehr elf Landkreise in Schleswig-Holstein. Die Festlegung der Kreisgrenzen sollte ein Kompromiß zwischen dem historisch Gewachsenen und der planerisch-wirtschaftlichen Entwicklung sein. Die während der Verabschiedung heftig umstrittene Gebietsreform wird heute überwiegend als vernünftig angesehen.

Ähnliche Überlegungen lagen den Leitlinien der Landesregierung zur Neuordnung der Ämter und Gemeinden vom Juli 1973 zugrunde. Dabei blieb die überkommene Gemeindegliederung im wesentlichen allerdings erhalten. Durch freiwilligen Zusammenschluß vieler kreisangehöriger Gemeinden hat sich deren Zahl von 1371 im Jahre 1959 auf 1128 im Jahre 1980 verringert. Zwangsweise Zusammenschlüsse von Gemeinden hat es in Schleswig-Holstein grundsätzlich nicht gegeben. Diese Entwicklung unterscheidet sich grundlegend von der in vielen anderen Bundesländern, besonders in Nordrhein-Westfalen oder Hessen, wo – teilweise gegen den ausgesprochenen Widerstand der Betroffenen – anonyme Großgemeinden geschaffen wurden. Der krasseste Fall, die Bildung von „Lahnstadt" aus den historisch gewachsenen Städten Gießen und Wetzlar, mußte nach dem Protest breiter Kreise der Öffentlichkeit später wieder rückgängig gemacht werden. Der Abbau der Bürgerbeteiligung, die Schwächung der ehrenamtlichen Mitwirkung, die Verteuerung der Verwaltung oder die Vernichtung historisch gewachsenen kommunalen Eigenlebens sind ein unvertretbar hoher Preis; die Erhaltung überschaubarer Gemeinden mit übersichtlichen Verantwortlichkeiten hat dagegen ihren guten Sinn.

Aus der Sicht der Landesverwaltung mag eine kommunale Gebietsstruktur mit vielen, teilweise kleinen Gemeinden Probleme aufwerfen, die jedoch gegenüber dem Verlust an demokratischer Tiefe, die mit der Schaffung von Großgemeinden einhergeht, kaum ins Gewicht fallen. Die häufig gestellte Frage, wie eine überwiegend ehrenamtliche Selbstverwaltung in über 1000 Gemeinden – von ca. 8000 im Bundesgebiet – mit den heutigen Anforderungen an eine moderne Verwaltung fertig wird, kann nicht ohne Erwähnung der schleswig-holsteinischen Besonderheit des Amtes beantwortet werden. Durch das Zusammenwirken der Gemeinden in Ämtern verfügen auch die kleineren Gemeinden über die Vorteile einer leistungsfähigen hauptamtlichen Verwaltung.

Die verwaltungsmäßige Entwicklung in Schleswig-Holstein ist – trotz wechselvoller Geschichte – entscheidend durch die preußische Zeit geprägt worden. Dennoch hat Schleswig-Holstein bestimmte Eigentümlichkeiten bewahrt. Als einziges Bundesland kennt Schleswig-Holstein kein Polizeigesetz. Das allgemeine Polizei- und Ordnungsrecht ist, wie erwähnt, im Landesverwaltungsgesetz geregelt worden. Das Gesetz über den Brandschutz und die Hilfeleistungen der Feuerwehren von 1967 bestimmt die Gemeinden zu Trägern des Feuerlöschwesens. Es verlangt von ihnen für diesen abwehrenden Brandschutz die Aufstellung und Unterhaltung öffentlicher Feuerwehren und die Bevorratung des Löschwassers. Von Anfang an hat sich darüber hinaus das Prinzip der Freiwilligen Feuerwehr bewährt, deren Mitglieder ihren Dienst unentgeltlich versehen. Da die Einwohner Schleswig-Holsteins eine sehr positive Einstellung zur Dienstleistung in den Freiwilligen Feuerwehren besitzen, mußte bislang keine Gemeinde im Lande eine Pflichtfeuerwehr aufstellen.

Um im Ernstfall auf eindeutiger rechtlicher Grundlage mit Hilfe einer klar gegliederten organisatorischen Konzeption alle notwendigen Maßnahmen zur Katastrophenabwehr treffen zu können, ist im Jahre 1974

in Schleswig-Holstein das Katastrophenschutzgesetz geschaffen worden. Auch im Katastrophenschutz, mit seinen vielfältigen Fachdiensten, dem Brandschutzdienst, dem Bergungsdienst, dem Instandsetzungsdienst, dem Sanitätsdienst, dem ABC-Dienst, dem Betreuungsdienst, dem Veterinärdienst und dem Versorgungsdienst, sind zahlreiche ehrenamtliche Helfer tätig. Zu den öffentlichen oder privaten Organisationen, die hier eng zusammenwirken, gehören das Deutsche Rote Kreuz, das Technische Hilfswerk, die Deutsche Lebensrettungsgesellschaft und – im Land zwischen den Meeren besonders wichtig – die Deutsche Gesellschaft zur Rettung Schiffbrüchiger.
Ebenfalls 1974 wurde das Rettungsdienstgesetz geschaffen, das den Kreisen und kreisfreien Städten die Verpflichtung zur Rettung bei Unfall oder Gefahr auferlegt und ihnen vorschreibt, eine entsprechende Logistik vorzuhalten. Wahrscheinlich wäre es zweckmäßiger gewesen, für den Katastrophenschutz und den Rettungsdienst nur ein Gesetz vorzusehen. Auch im Rettungsdienst arbeiten viele Helfer aus den Hilfsorganisationen ehren- oder hauptamtlich mit. Über die bereits erwähnten hinaus seien die Johanniter-Unfall-Hilfe, der Malteser-Hilfsdienst und der Arbeiter-Samariter-Bund genannt.
Die ordentliche Gerichtsbarkeit des Landes Schleswig-Holstein bestand bis zum Ende der 60er Jahre aus 60 Amtsgerichten, vier Landgerichten in Flensburg, Kiel, Lübeck und Itzehoe und dem Schleswig-Holsteinischen Oberlandesgericht in Schleswig. Um den vielschichtiger gewordenen Lebensverhältnissen und den Entwicklungen in Wirtschaft und Verwaltung gerecht werden zu können, wurde 1969 eine erste Phase der Amtsgerichtsreform eingeleitet. In einem Stufenplan hat das Reformgesetz mit der Schaffung größerer Amtsgerichtsbezirke die überkommene Gerichtsorganisation im nördlichen und südlichen Landesteil nachhaltig verändert. In der Justiz wurde diese Neuregelung überwiegend begrüßt, in der allgemeinen Öffentlichkeit fehlte es nicht an Skepsis und Kritik. So wurden einige Amtsgerichte später doch nicht aufgelöst und die Reform durch das sogenannte Abschlußgesetz nicht in allen Landesteilen durchgeführt.
Richtig ist, daß die kleineren Amtsgerichte es schwer haben, den Anforderungen an eine immer spezieller werdende Rechtsprechung zu genügen. Auch stimmt es, daß die viel zitierte bürgernahe Rechtsprechung die Ortsnähe der Gerichte unbedingt erfordert, denn der Durchschnittsbürger geht in seinem Leben kaum häufiger als ein- oder zweimal persönlich zum Gericht. Andererseits trägt eine überzogen durchgeführte Amtsgerichtsreform zur Entleerung dünner besiedelter Gebie-

te bei. Schließlich eröffnen die Möglichkeiten der Datenverarbeitung für die Arbeits- und Leistungsfähigkeit auch der kleineren Gerichte neue Perspektiven.
Ende der 60er Jahre wurde die Richterwahl in Schleswig-Holstein konzipiert und 1971 eingeführt. Die Ernennung der Richter durch den Ministerpräsidenten wurde damals an eine Wahl durch den nach Gerichtsbarkeit unterschiedlich mit Abgeordneten und Richtern zusammengesetzten Richterwahlausschuß gebunden. Die Wiedereinführung des alleinigen Ernennungsrechts des Ministerpräsidenten für die Präsidenten und Vizepräsidenten der Gerichte löste herbe Kritik aus, die verständlich war, aber geflissentlich übersah, daß die sehr weitgehende schleswig-holsteinische Regelung in keinem anderen Bundesland galt.

Gesellschaftlicher und sozialer Neubeginn

Innerhalb von nur vier Monaten, zwischen Februar und Juni 1945 schnellte die Zahl der in Schleswig-Holstein lebenden Menschen von 1,6 Millionen auf über 2,4 Millionen empor. Das Land zwischen den Meeren – von Kriegszerstörungen überwiegend verschont, für die Flüchtlinge über die Ostsee und über Land noch erreichbar – wurde zum Durchgangs- und Flüchtlingsland Nr. 1.
Die Einwohnerzahl Schleswig-Holsteins stieg auf insgesamt über 2,7 Millionen im Jahre 1949. Das bedeutete – gegenüber 1939 – eine Zunahme von mehr als einer Million Menschen. In acht von damals siebzehn schleswig-holsteinischen Landkreisen war die Zahl der Neubürger größer als die der Einheimischen.
Hinter diesen Zahlen verbirgt sich ein heute schon von vielen nicht mehr nachvollziehbares Leid. In keinem anderen Bundesland wurde das Elend, das mit dem Nationalsozialismus durch den Krieg auf die Menschen zugekommen war, so drastisch deutlich. Zu der ideellen trat die materielle Not: Mehr als 94 500 Flüchtlingshaushalte mit über 220 000 Personen hatten keinen Ernährer.
Hinzu kam die Situation im Lande selbst. Den 2,7 Millionen Einwohnern standen Einrichtungen im sozialen und wirtschaftlichen Bereich gegenüber, die nur auf 1,5 Millionen ausgerichtet und überdies noch durch den Krieg stark in Mitleidenschaft gezogen waren. Kriegszerstö-

rungen und Demontagen, die rd. 120 000 überwiegend qualifizierte Arbeitsplätze vernichteten, hatten die industrielle Kapazität des Landes fast halbiert. Die Folge war ein extremer Mangel an Arbeitsplätzen und eine damit verbundene Arbeitslosenzahl, die im März 1950 fast 30 % erreichte. Naturgemäß erwuchsen aus dieser Situation erhebliche Spannungen.

Für Einheimische und für die Hinzugekommenen waren dies Zeiten größter Not und Entbehrung. Sie konnten auch nur allmählich und unter gewaltigen Anstrengungen überwunden werden. So heißt es noch in der Regierungserklärung von Ministerpräsident Kai-Uwe von Hassel (CDU) aus dem Jahre 1954: „Eines der Hauptprobleme ist die wirtschaftliche, soziale und wohnungsgemäße Eingliederung der verbleibenden Vertriebenen und Flüchtlinge. Das ungeordnete Hereinströmen der Vertriebenen und Flüchtlinge nach dem Kriege und der inzwischen eingetretene Strukturwandel der Wirtschaft unseres Landes haben eine erhebliche Fehlverteilung der Bevölkerung im Lande zur Folge, deren Beseitigung ein dringendes wirtschafts- und sozialpolitisches Gebot ist. Alle Eingliederungsmaßnahmen müssen deshalb mit Maßnahmen zur Verbesserung der Bevölkerungsverteilung gekoppelt und durch eine innere Umsiedlung ergänzt werden."

Wie sehr sich die wirtschaftlichen und sozialen Probleme auch politisch niederschlugen, ging aus den Wahlen insbesondere zum Zweiten Landtag vom Juli 1950 hervor. Der „Gesamtdeutsche Block" (Bund der Heimatlosen und Entrechteten – BHE) erreichte insgesamt 23,4 % der gültigen Stimmen und hatte gemeinsam mit der Deutschen Partei 22 Sitze im Landtag. Er wurde für die nachfolgende Legislaturperiode zu einer bedeutenden politischen Kraft im Lande.

Um so höher ist es zu bewerten, daß es der Landesregierung in verhältnismäßig kurzer Zeit gelang, die Vertriebenen und Flüchtlinge nahtlos in das Gemeinwesen einzufügen. Damit Schleswig-Holstein ihnen – nach einer sinnvollen Umsiedlung und Verteilung der Bevölkerung im Inneren – Heimat werden konnte, waren besondere Anstrengungen seitens aller staatlichen, öffentlichen und privaten Einrichtungen erforderlich. Es galt, menschliche Not zu lindern und die vertriebenen und geflüchteten Mitbürger wirtschaftlich und sozial einzugliedern. Dazu trugen sie entscheidend auch selbst durch ihre eigene Leistung, durch unermüdlichen Einsatz und durch die Entwicklung schöpferischer unternehmerischer Fähigkeiten bei. Unterstützt durch das Lastenausgleichsgesetz und eine gezielte Mittelstandspolitik hatten die Vertriebenen und Flüchtlinge großen Anteil am Wiederaufbau in Schleswig-

Holstein. Es gehört zu den großartigen Leistungen der Politik und der Bevölkerung, daß sich die Hinzugekommenen in verhältnismäßig kurzer Zeit hier heimisch und geborgen fühlen konnten.
Über die wirtschaftliche und soziale Unterstützung hinaus wollte der Staat den Vertriebenen eine ideelle Stütze sein. So sah und sieht die Landesregierung die Pflege und die lebendige Weiterentwicklung der ost- und mitteldeutschen Kultur als wichtige Aufgabe. Es gilt, eine vielhundertjährige Kulturleistung, der die deutsche und europäische Kultur entscheidende Impulse verdankt, zu bewahren und zu pflegen. Aus dieser Überzeugung heraus hat das Land die Patenschaft für Pommern im Jahre 1954 und für Mecklenburg im Jahre 1963 übernommen sowie die Stiftung Pommern im Jahre 1966 und die Stiftung Mecklenburg im Jahre 1973 errichtet. Ein Landesbeauftragter für Vertriebene und Flüchtlinge wurde im Jahre 1979 ernannt, um die vielfältigen Bemühungen noch stärker aufeinander abzustimmen.
Die Vertriebenen und Flüchtlinge haben großen Anteil an der Entwicklung der Bundesrepublik Deutschland zum demokratischen Rechtsstaat. Indem sie im Jahre 1950 in der „Charta der deutschen Heimatvertriebenen" auf Revanche und Vergeltung verzichteten und sich für die Schaffung eines geeinten Europas einsetzten, bekannten sie sich bereits damals zu einer Politik des Friedens und des Gewaltverzichts. Ihre Haltung verpflichtet uns alle.
Sozialpolitik bedeutete 1945, die Bevölkerung besser zu versorgen. Katastrophal war die Ausstattung mit Wohnraum. 1948 mußte sich jeder Einwohner durchschnittlich mit 5 m^2 Wohnfläche – heute sind es rd. 35 m^2 – begnügen. Noch 1949 lag der Wohnungsbestand um 40 000 Einheiten unter dem von 1939. Über die Wohnungsbaukreditanstalt förderte das Land Schleswig-Holstein von 1949 bis 1970 310 000 Wohnungen mit öffentlichen Darlehen von über 3,7 Milliarden DM. Damit wurde eine Spitzenstellung in der Wohnungsversorgung unter den Flächenländern in der Bundesrepublik Deutschland erreicht.
Auch die hygienischen Verhältnisse waren 1945 unzureichend. So stieg die Säuglingssterblichkeit im Jahre 1945 auf 17,1 % gegenüber 5,4 % im Jahr 1938 an; heute liegt sie unter 1 %. Nahrungsmittel und Brennstoffe waren knapp; das Verkehrsnetz war entweder zerstört oder vollkommen unterentwickelt, die Krankenhäuser überfüllt. Erhebliche Mittel wurden in den öffentlichen Krankenhausbau investiert. Die Kriegsschäden mußten beseitigt und ältere Häuser erneuert werden. Auch die Bettenkapazität reichte nicht aus. So wurden zwischen 1945 und 1965 23 neue Krankenhäuser in Schleswig-Holstein gebaut und eine größere

Zahl erweitert oder modernisiert. Darüber hinaus sind die Versorgung an den Krankenhäusern und insbesondere die Betreuung durch gut ausgebildetes Personal erheblich verbessert worden. Seit 1973 regelt ein Krankenhausziel- und -bedarfsplan nach den Bestimmungen des Krankenhausinvestitionskostengesetzes die klinische Krankenversorgung. Sozialpolitische Maßnahmen kamen insbesondere den älteren Menschen über „ambulante soziale Dienste", Sozialstationen, Altentagesstätten und Altenheime zugute. Die Familien wurden über den flächendeckenden Ausbau der Kindergärten sowie die vielfältigen Einrichtungen der Mütter- und Familienerholung, der Familienbildungsstätten und der Beratungsstellen unterstützt. Für Behinderte wurden Beratungs- und Betreuungsstellen eingerichtet. Die hier lebenden Ausländer wurden gezielt betreut.
Die Landesregierung förderte von Anfang an die soziale Tätigkeit der Verbände und Vereine, Familien- und Nachbarschaftshilfe. Gezielt wurden die sozialen Dienste und Initiativen der freien gemeinnützigen Wohlfahrtsverbände gefördert. Die Mittel des Landes aus den Sozialplänen kamen überwiegend diesen Verbänden zugute. Kommunale und staatliche Einrichtungen entstanden dort, wo die Leistungskraft der freien Träger oder die Möglichkeiten des einzelnen Bürgers nicht ausreichten.
Die in der Landesarbeitsgemeinschaft zusammengeschlossenen freien Wohlfahrtsverbände (Deutsches Rotes Kreuz, Diakonisches Werk, Caritas, Arbeiterwohlfahrt, Deutscher Paritätischer Wohlfahrtsverband) haben wichtige soziale Aufgaben erfüllt, die der Staat auch mit hohem finanziellen Aufwand nicht erzielen kann. Diese Wohlfahrtsverbände haben heute eine Größe und Bedeutung erreicht, daß sie beachten müssen, aus der Sicht des Bürgers nicht als quasistaatliche Sozialverwaltung betrachtet zu werden. Ihre Unersetzbarkeit liegt gerade darin, daß sie flexibler, offener und bürgernäher sind, als der Staat dies jemals sein kann.
Eine zunächst erhebliche Belastung bedeutete der nationale Streit um Schleswig. Vertreter des südschleswigschen Dänentums äußerten den Wunsch nach einer Grenzverschiebung, dem die dänische Regierung jedoch nicht nachgab. Ungeachtet dessen wurde gefordert, die Verwaltung von Schleswig und Holstein zu trennen, weil insbesondere die Vertriebenen und Flüchtlinge die Lage der Menschen erschwerten. Ausdruck der problematischen Situation war das Eintreten Zehntausender von Menschen in Südschleswig für die „neudänische" Bewegung, obwohl sie nur geringe oder gar keine Bindungen an Dänemark,

die dänische Sprache und Kultur hatten. Sie suchten dort seelischen und materiellen Schutz. Der im Januar 1946 gegründete „Südschleswigsche Verein" (SSV) zählte Mitte 1945 bereits 75 000 Personen; die politische Vertretung des Dänentums im Landesteil Schleswig, der „Südschleswigsche Wählerverband" (SSW), errang erste Wahlerfolge. Zwischen Dänemark und vor allem Großbritannien, später zwischen Dänemark und der Landesregierung wurde über die Südschleswig-Frage nachdrücklich verhandelt. Sowohl der Gedanke einer Grenzveränderung als auch der einer Verwaltungstrennung wurden abgelehnt. In der „Kieler Erklärung" vom September 1949 wurden den nationalen Minderheiten demokratische Rechte und die Freiheit des nationalen Bekenntnisses eingeräumt. Sie galten – entsprechend der dänischen Verfassung und Gesetzgebung – auch für die deutsche Minderheit in Nordschleswig.
Diese Autonomie- und Freiheitsgarantie für nationale Minderheiten bleibt von historischer und europäischer Bedeutung. Sie ist in der schleswig-holsteinischen Landessatzung (Artikel 5 und 6 Abs. 4) verankert. Danach ist das Bekenntnis zu einer nationalen Minderheit frei. Außerdem können die Erziehungsberechtigten frei entscheiden, ob ihre Kinder die Schule einer nationalen Minderheit besuchen sollen.

Die Bonn-Kopenhagener Erklärungen vom März 1955 bekräftigen die in den Verfassungen beider Staaten verankerten demokratischen Grundrechte und ihre Anwendung auf die nationalen Minderheiten. Sie umreißen die Rechte der deutschen Volksgruppe im dänischen Nordschleswig und der dänischen Minderheit im nördlichen Schleswig-Holstein. Zugleich stellen beide Erklärungen klar, daß die Angehörigen der Minderheit gegenüber der übrigen Bevölkerung nicht benachteiligt werden dürfen. Gleichberechtigung wird garantiert. Mit der Befreiung von der 5%-Sperrklausel im Wahlgesetz für die dänische Minderheit oder mit der Sonderstellung der dänischen Privatschulen im Hinblick auf die staatlichen Zuschüsse wurden ihr daraufhin in manchen Fällen sogar Sonderrechte eingeräumt. Das Verbot deutscher Schulen in Nordschleswig, die bis zum Examen führen, wurde aufgehoben.
Die Bonn-Kopenhagener Erklärungen zeichneten endgültig den Weg vor, der zum friedlichen Zusammenleben, zur Zusammenarbeit und auch zum Miteinander im deutsch-dänischen Grenzraum und – darüber hinaus – zwischen Schleswig-Holstein und dem Königreich Dänemark, zwischen der Bundesrepublik Deutschland und Skandinavien

führte. Sie gelten nach wie vor als Meilensteine vorausschauender europäischer Nachbarschaftspolitik.

Im Jahre 1957 wurde nach langen Verhandlungen der sogenannte Staatskirchenvertrag zwischen dem Land und den evangelischen Landeskirchen in Schleswig-Holstein geschlossen. Dieser Vertrag regelt das Verhältnis des Landes zu den – damals noch selbständigen – Landeskirchen. Dazu zählen der Religionsunterricht, die Ausbildung von Lehrkräften und Geistlichen, die Besetzung kirchlicher Ämter, die Kirchensteuern, der Denkmalschutz bei kirchlichen Bauten und die finanziellen Leistungen des Landes an die Kirchen. Die katholischen Kirchengemeinden, aufgeteilt in sieben Dekanate, gehören zum Bistum Osnabrück. Die im Staatsvertrag von 1957 niedergelegten Grundsätze sind ihrem Inhalt nach auch für die katholische Kirche gültig.

Insgesamt besteht zwischen Staat und Kirchen auf allen Ebenen ein Verhältnis der gegenseitigen Respektierung und des vertrauensvollen Miteinanders. Hieraus darf nicht auf ein Desinteresse der Bevölkerung an den kirchlichen Angelegenheiten und auf eine geringe öffentliche Bedeutung der Kirchen geschlossen werden.

Von der „Agrarprovinz" zum modernen Industrie- und Dienstleistungsland

Unter den Heimatvertriebenen und Flüchtlingen, die nach 1945 in unser Land kamen, waren viele Bauern und Landarbeiter. Ihnen in Schleswig-Holstein eine neue Heimat zu geben, war das erklärte Ziel aller politischen Kräfte. Dabei stand im Vordergrund, daß sie im Wege der Siedlung einen Bauernhof bekommen sollten. Hierfür war Grund und Boden notwendig. Ihn zu beschaffen war schwierig, weil zunächst niemand bereit war, für die entwertete Reichsmark Land zu verkaufen. 1947 erließ die Britische Militärregierung eine Verordnung, die die Grundlagen für gesetzliche Maßnahmen zur Landbeschaffung schuf. Die entsprechenden Agrarreformgesetze beschloß der Landtag 1948. Sie ermächtigten die Landesregierung unter anderem, Flächen von allen Betrieben mit mehr als 100 ha für Siedlungszwecke im Wege der Enteignung in Anspruch zu nehmen.

Diese Agrarreformgesetze stießen jedoch auf agrarstrukturelle, soziale und erhebliche rechtliche Bedenken. Um dennoch möglichst zügig siedeln zu können, wurde ein Kompromiß geschlossen, auch um langwierigen Rechtsstreitigkeiten aus dem Wege zu gehen. Die größeren Grundbesitzer, die zwei oder mehr Betriebe besaßen, stellten freiwillig 30 000 ha Land für Siedlungszwecke bereit. Diese Bereitschaft ist ein herausragender Ausdruck der gesellschaftspolitischen Verantwortung der Grundbesitzer in der Nachkriegszeit. Auf diesen Flächen wurden in wenigen Jahren knapp 3000 Neusiedlungen errichtet und rd. 880 bäuerliche Betriebe durch Landzulage in ihrer Existenz gesichert. Dieses freiwillige „30 000-ha-Abkommen" erlaubte es dem Landtag, die Agrarreformgesetze 1960 aufzuheben.

Aus heutiger Sicht waren die in den Nachkriegsjahren errichteten Siedlungen in ihrer Größe häufig unzureichend. Dabei ist aber zu bedenken, daß mit der Siedlung vor allem auch gesellschaftspolitische Ziele verfolgt wurden. Die „Flüchtlingssiedlung" ist somit eine der größten politischen Leistungen der Nachkriegszeit im ländlichen Raum. Sie war nur durch das „30 000-ha-Abkommen" in einem relativ kurzen Zeitraum zu erreichen. Bei der heutigen Bewertung der Eingliederung der Vertriebenen und Flüchtlinge wird leider zu oft dieser Aspekt übersehen.

Nachdem Schleswig-Holstein im Jahre 1946 als Land eigene staatliche Zuständigkeiten erhalten hatte, konnte auch eine wirtschaftspolitische Konzeption zielstrebig entwickelt werden. Die staatlichen Maßnahmen bauten auf den vorhandenen Branchen der schleswig-holsteinischen Wirtschaft auf. Dazu zählten neben der Landwirtschaft, der See- und Küstenfischerei vor allem der Schiffbau, zahlreiche Zweige der Nahrungsmittelindustrie, die Baustoff-, die Leder- sowie Teile der Textilindustrie. Die auf kurzfristige Abhilfe gerichtete Politik der Arbeitsbeschaffung konzentrierte sich zunächst auf diese Bereiche. So wurde der Schiffbau mit über 15 000 Arbeitskräften im Jahre 1952 der Industriezweig mit der größten Beschäftigungszahl im Lande.

Schon vor der Währungsreform hatten Produktion und Beschäftigung in vielen Wirtschaftszweigen einen Stand erreicht, der über dem des Jahres 1939 lag. Nicht zuletzt durch die Förderung der Landesregierung waren inzwischen etwa 200 000 neue Arbeitsplätze entstanden. Nach 1948 kam es nunmehr – auf der Grundlage der neuen Wirtschaftsordnung, der Sozialen Marktwirtschaft – darauf an, ein beschleunigtes regionales Wirtschaftswachstum zu erhalten und fortzuführen.

Ausreichendes Investitionskapital war dazu erforderlich. Aufgrund der niedrigen Steuereinnahmen war die Investitionskraft aus öffentlichen Mitteln in Schleswig-Holstein schwächer als im übrigen Bundesgebiet, die private Wirtschaft war jedoch auf staatliche Impulse angewiesen. Neue Wege wurden zur Sicherstellung der erforderlichen Finanzierungen beschritten. Dazu zählte bereits im Jahre 1949 die Gründung von Finanzierungseinrichtungen wie die „Wirtschaftsaufbaukasse Schleswig-Holstein AG", die „Schiffshypothekenbank zu Lübeck AG" und die „Landesgarantiekasse Schleswig-Holstein GmbH". Landesregierung und einige Banken arbeiteten dabei eng zusammen. Dadurch sollten geeignete Investitionen in der gewerblichen Wirtschaft und der Schiffahrt gefördert und durch die Übernahme von Bürgschaften erleichtert werden.

Von stabilen wirtschaftlichen Verhältnissen in Schleswig-Holstein konnte jedoch noch lange nicht die Rede sein. Im Jahre 1950 erreichte die Landesbevölkerung 2,6 Millionen Einwohner; damals waren rd. 210 000 Menschen arbeitslos. Das war eine im Vergleich zur Gegenwart fast doppelt so hohe Zahl bei einer leicht geringeren Bevölkerung. Diese Arbeitslosen in das Erwerbsleben einzugliedern, blieb eine der vordringlichen Aufgaben. Gleichzeitig wurde angestrebt, den Lebensstandard in Schleswig-Holstein an den Bundesdurchschnitt anzugleichen. Schleswig-Holstein sollte wirtschaftlich, aber auch sozial und kulturell hinter den anderen Ländern nicht zurückstehen – ein ehrgeiziges Ziel.

Das uneingeschränkte Bekenntnis zu den Prinzipien einer freiheitlichen Wirtschaftsordnung bestimmte auch in Schleswig-Holstein die Zielsetzungen einer Wirtschaftspolitik, die den Nachteilen der geographischen und wirtschaftlichen sowie nachkriegsbedingten Randlage erfolgreich entgegenwirkte. Vorrangige Aufgaben waren demnach, die mittelständische Kraft der gewerblichen Wirtschaft zu fördern, die Wettbewerbsfähigkeit wachstumsfähiger Produktionszweige zu festigen, Arbeitsplätze in ausreichender Zahl zu sichern sowie entwicklungsfähige Standorte zu erschließen. Eine sachgerechte Wirtschafts- und Strukturpolitik sowie Landesplanung trugen hierzu bei. Gleichzeitig wurden diese Bemühungen durch Hilfen des Bundes unterstützt.

Eine besondere Aufgabe sah die Landesregierung von Anfang an darin, die unterschiedliche Entwicklung im Lande selbst auszugleichen. So war der Norden hinsichtlich der industriellen und gewerblichen Erschließung eindeutig gegenüber dem Süden des Landes im Nachteil. Dem Ziel, diese Region und vor allem die Landwirtschaft wirtschaftlich

und sozial zu stärken, galt in hervorragender Weise das 1953 ins Werk gesetzte „Programm Nord" in der Trägerschaft einer GmbH, mit dem Land und betroffenen Gebietskörperschaften als Gesellschaftern. Die vier Hauptarbeitsgebiete – Flurbereinigung, Forstwirtschaft, Wasserwirtschaft und Verkehrswege – deuten die Zielrichtung dieses Programms an. Eine durchgreifende Agrarreform sollte in drei „Investitionsstufen" erreicht werden. Erhebliche Mittel auch des Bundes flossen in dieses Programm, das seit 1960 ein Gebiet von über 540 000 ha, fast den gesamten Landesteil Schleswig, Dithmarschen und den größten Teil Steinburgs umfaßt. Seit 1973 wird dieses Programm im Rahmen der Gemeinschaftsaufgabe „Verbesserung der Agrarstruktur und des Küstenschutzes" finanziert. Auch danach blieb die „Programm Nord GmbH" bestehen, um die hierfür vorhandenen Mittel schwerpunktmäßig einsetzen zu können.
Teilweise parallel hiermit trat die Gemeinschaftsaufgabe „Verbesserung der regionalen Wirtschaftsstruktur" im Januar 1970 hinzu. Sie leitete eine neue Phase der regionalen Wirtschaftspolitik in der Bundesrepublik Deutschland ein. Fördermittel, die die regionale Wirtschaft, zum Beispiel über die Errichtung und Erweiterung von Betrieben stärken sollen, werden von Bund und Ländern darin gemeinsam vergeben. In Schleswig-Holstein konnten damit viele wichtige Investitionen unterstützt werden. Dieses ermöglichte auch die starke Förderung der strukturschwachen Räume an der schleswig-holsteinischen Westküste, vor allem im Raum Brunsbüttel. Hier wurde die Zahl der Arbeitsplätze im produzierenden Gewerbe erheblich erhöht.
Die heutige Kritik an den „Brunsbüttel-Zielen" der Landesregierung klingt plausibel. Sie übersieht aber, daß die höheren Erwartungen im Hinblick auf Investitionen und Arbeitsplätze Ende der 60er Jahre nicht ungewöhnlich waren. Ölpreiskrisen, wirtschaftliche Rückschläge, Inflation, neue Arbeitslosigkeit und Rezession, die neue, erheblich reduzierte wirtschaftliche Prognosen erforderlich machten, erwartete damals niemand. Selbst wenn die öffentlichen Investitionen und Vorleistungen, gemessen an den bis heute neu entstandenen Arbeitsplätzen, hoch erscheinen und wenn die geschlossenen Verträge auch anders vorstellbar sind, kann die Kritik an der Brunsbüttel-Politik nicht die prinzipielle Notwendigkeit einer schwerpunktmäßigen Beeinflussung der wirtschaftsstrukturellen Rahmenbedingungen für diese Region leugnen. Die Westküstenautobahn bis Heide wird eine wirtschaftlich im Schatten liegende Region an den neuen Wirtschaftsraum Brunsbüttel und an den Großraum Hamburg besser anschließen.

Sehr früh betonte die Landesregierung die notwendige Förderung des Mittelstandes. Dabei hat sich das Mittelstandsstrukturprogramm, früher Mittelstandskreditprogramm, als besonders wirkungsvoll erwiesen. Seit Mitte der 60er Jahre ist es das Kernstück der Förderung mittelständischer Betriebe in der gewerblichen Wirtschaft, für Industrie, Handwerk, Groß- und Einzelhandel. Es wurde im Jahre 1979 durch ein Programm zur Gründung selbständiger Existenzen ergänzt. Später hat der Bund ein eigenes Existenzgründungsprogramm aufgelegt.
Auf diesen Grundlagen und getragen von dem Leistungswillen seiner Bewohner erlebte Schleswig-Holstein in den 60er und frühen 70er Jahren einen deutlichen wirtschaftlichen Fortschritt, wenn es auch in einigen Bereichen noch erheblichen Nachholbedarf hatte – und teilweise bis heute hat. Die durch das reale Bruttoinlandsprodukt ausgedrückte jährliche Wirtschaftsleistung stieg zwischen 1960 und 1973 um rund 75 % an, die Arbeitslosenzahlen lagen nie über 3 %, und das warenproduzierende Gewerbe erlebte eine Blütezeit. Da gleichzeitig die wirtschaftliche Bedeutung der Dienstleistungsunternehmen, des Fremdenverkehrs und des Staates, besonders im Hinblick auf den Aufbau der Bundeswehr und den Ausbau des Bildungs- und Gesundheitswesens, zunahm, wurde damals schon der Grundstein für die heutige moderne Gewerbe- und Dienstleistungswirtschaft gelegt. Für die Bevölkerung Schleswig-Holsteins waren diese Jahre mit einer bis dahin nicht gekannten Zunahme des materiellen Wohlstandes und der öffentlichen Versorgung verbunden.
Parallel zu dieser Entwicklung verlief der Aufbau einer modernen, leistungsfähigen Infrastruktur im Lande. In diese Zeit fiel die Fertigstellung beziehungsweise Planung einer Vielzahl von Großprojekten, die das Erscheinungsbild des Landes prägten und zugleich entscheidende Entwicklungsimpulse auslösten. Beispiele dafür sind: die Vogelfluglinie, das Eidersperrwerk, die Autobahn Hamburg–Flensburg, die in Verbindung mit dem Elbtunnel die überregionale Verkehrsanbindung Schleswig-Holsteins entscheidend verbesserte, und das Kernkraftwerk Brunsbüttel, das eine neue Ära der Energieversorgung in Schleswig-Holstein einleitete.
Zur Bewältigung dieser in den 60er und frühen 70er Jahren zu verzeichnenden dynamischen Entwicklung Schleswig-Holsteins war auch eine Anpassung der landesplanerischen Entscheidungsprozesse erforderlich. Stationen dieses Anpassungsprozesses waren der erste Raumordnungsbericht (1965), das Landesraumordnungsprogramm und der erste Regionalplan für die südliche Westküste (1967), der Landesraumord-

nungsplan (1969), die Neufassung des Landesplanungsgesetzes und der Erlaß eines Gesetzes über Landesentwicklungsgrundsätze (1971) sowie die Festsetzung von Regionalplänen für alle Teilbereiche des Landes (1973 bis 1976). Bereits frühzeitig setzte die notwendige, sehr stark auch landesplanerisch bedingte Zusammenarbeit zwischen Schleswig-Holstein und Hamburg ein. Dabei lag dem 1955 eingerichteten „Gemeinsamen Landesplanungsrat Hamburg/Schleswig-Holstein" und dem 1966 geschaffenen Förderungsfonds für den Raum Südholstein die Annahme eines anhaltenden und zunehmenden wirtschaftlichen und bevölkerungsmäßigen Wachstums der Hansestadt zugrunde. Es galt, den in das Umland gehenden Überschuß dieser Entwicklung in sinnvolle Bahnen zu lenken.

Das ursprünglich sehr erfolgreiche Zusammenwirken verschlechterte sich zusehends mit den wachsenden Schwierigkeiten in der Hansestadt selbst. Negative Vorzeichen in der Bevölkerungs- und Wirtschaftsentwicklung führten dazu, daß Hamburg den Nachbarn Schleswig-Holstein als Konkurrenz und die kräftige Siedlungsentwicklung sowie die Ansiedlung von Betrieben im Nachbarraum nicht mehr als Entlastung, sondern als Belastung empfand. Erst in jüngerer Zeit konnte das wechselseitige Verhältnis sich wieder auf der Grundlage der Gegenseitigkeit entwickeln.

Als Folge der ersten Ölkrise kam es Mitte der 70er Jahre weltweit zu einer wirtschaftlichen Krise, die für die Bundesrepublik Deutschland einen tiefen Einschnitt bedeutete. Zum einen zeigte sich, daß die bis dahin weltweit bewunderte deutsche Volkswirtschaft nicht unverwundbar war. Zum anderen offenbarte der wirtschaftliche Einbruch auch tieferliegende Ursachen. Nicht nur die außenwirtschaftlichen Einflüsse, sondern auch binnenwirtschaftliche Entwicklungen, wie die hohen Lohnsteigerungen Anfang der 70er Jahre, hatten die internationale Wettbewerbsfähigkeit der deutschen Wirtschaft geschwächt. Die Folge war ein bis heute nicht abgeschlossener Anpassungsbedarf, der in Schleswig-Holstein insbesondere die traditionell zu den Stützen der heimischen Wirtschaft zählende Werftindustrie sowie die Textilindustrie betraf. Der Anteil des warenproduzierenden Gewerbes an den Gesamtleistungen fiel von 40 % im Jahr 1970 auf 34,6 % 1982 zurück, während die Dienstleistungsunternehmen ihren Anteil von 18,5 % auf 25,7 % erhöhten. Auf dem Arbeitsmarkt bewirkte der Anpassungsbedarf, daß – auch im Zuge der Erholung in der zweiten Hälfte der 70er Jahre – Vollbeschäftigung nicht wieder erreicht werden konnte. So ging besonders Schleswig-Holstein mit einem hohen Arbeitslosenanteil in den Konjunkturabschwung zu Beginn der 80er Jahre hinein, der dem zweiten Ölpreisschock folgte.

Die 70er Jahre brachten jedoch nicht nur schmerzliche wirtschaftliche Rückschläge, sondern bezeichneten zugleich eine Phase des Wertewandels, der auch die Schattenseiten der dynamischen Nachkriegsentwicklung widerspiegelte. Mit dem Bewußtwerden erster Umweltschäden aufgrund der industriellen Entwicklung war ein teilweise grundlegender Einstellungswandel verbunden. Dieser führte dazu, daß die überwiegend materiellen Zielvorgaben der 50er und 60er Jahre zunehmend in Frage gestellt und durch neue, qualitative Ziele ersetzt wurden. Dies hatte zur Folge, daß umweltbezogene Projekte zum Beispiel im Bereich des Straßenbaus zusehends kritischer beurteilt wurden. Wirtschaftliches Wachstum wurde nicht mehr vorbehaltlos positiv gesehen. Ganz allgemein war gegenüber der Technik eine kritische Haltung zu verzeichnen.

Sicherlich beeinflußten und prägten diese Änderungen sowohl in den Rahmenbedingungen als auch in den Einstellungen die weitere wirtschaftliche Entwicklung in Schleswig-Holstein. Sie braucht im Hinblick auf die völlig andere Ausgangslage 1945 dennoch in vielen Bereichen den Vergleich etwa mit den süddeutschen Bundesländern nicht zu scheuen. So ist das Bruttoinlandsprodukt in den Jahren von 1970 bis 1984 real um 41 % gestiegen. Das war nach Bayern, das einen Anstieg um 49 % verzeichnete, und neben Hessen, das ebenfalls eine Zunahme von 41 % erreichte, das zweitstärkste Wachstum im Vergleich unter den Bundesländern. Das hohe Wachstum reichte allerdings nicht aus, den unumgänglichen wirtschaftlichen Strukturwandel ohne negative Auswirkungen auf den Arbeitsmarkt zu vollziehen. Umgekehrt wäre ohne die strukturelle Erneuerung der Wirtschaft das Arbeitsmarktproblem heute noch größer, wenn auch nicht alle neuen auf Wachstum angelegten Wirtschaftszweige nur krisenfeste Arbeitsplätze brachten.

Einen besonderen Akzent erhält der Dienstleistungssektor in Schleswig-Holstein durch den Fremdenverkehr. Als klimatisch und landschaftlich reizvolles Erholungs- und Freizeitgebiet hat das Land eine lange Tradition. Seit 1802 besteht das Seebad Travemünde. Erst zu Beginn der 50er Jahre jedoch setzte die Entwicklung zum heutigen Massen-Tourismus ein. Gegenwärtig ist Schleswig-Holstein nach Bayern das beliebteste Urlaubsziel in der Bundesrepublik Deutschland. Hinter Italien, Spanien, Bayern und Österreich liegt es sogar auf der fünften Position in der Beliebtheitsskala der Urlauber. Allerdings setzt das Klima und die dadurch bedingte kurze Saison im Sommer der Entwicklung des Massen-Tourismus Grenzen. Um so mehr war es erforderlich, gute verkehrsmäßige Anbindungen sicherzustellen und Einrichtungen zu schaffen, die die Saison „verlängern" können. Entsprechend phantasievoll erweiterte der Fremdenverkehr sein Angebot vor allem auf dem Gesundheits- und Sportsektor. Die Palette der Unterkunftsmöglichkeiten wurden erheblich ausgeweitet; neue Ferienzentren erwiesen sich als eine interessante Ergänzung für bestimmte Gruppen der Bevölkerung, ohne daß Fehlinvestitionen immer vermieden wurden. Auch architektonische Fehlleistungen sind zu beklagen.

Auch die Landwirtschaft wurde von der neuen Entwicklung erfaßt. Der Anteil der in der Landwirtschaft Erwerbstätigen und die landwirtschaftliche Quote am Inlandsprodukt gingen zurück. Dennoch hat die schleswig-holsteinische Agrarwirtschaft als großer Brancheninvestor immer noch die höchste Quote im Vergleich zu allen Bundesländern. Hierzu hat nicht zuletzt die Umstellung von einer arbeitsintensiven auf eine kapitalintensive Landwirtschaft beigetragen. Nach wie vor verbinden sich land- und ernährungswirtschaftliche Spitzenerzeugnisse mit dem Namen Schleswig-Holstein, was auch die Berliner „Grüne Woche" jährlich zeigt.

War Schleswig-Holstein vor 200 Jahren noch überwiegend waldfrei, so ist der Waldanteil auf heute rd. 9 % verdoppelt worden. Nach den schweren Rückschlägen der Kriegs- und Nachkriegszeit gelang es, in einer beispiellosen Aufbauleistung seit 1949 über 30 000 ha neuen Wald zu schaffen. Teils wurden kahlgeschlagene Wälder wieder aufgeforstet, teils wurden Erstaufforstungen durchgeführt.

Zielsetzung und Instrumente der Wirtschaftspolitik in Schleswig-Holstein haben sich grundsätzlich als richtig erwiesen. Sowohl im Wachstum des Bruttoinlandsproduktes als auch in der Entwicklung des Angebotes an Arbeitsplätzen übertraf Schleswig-Holstein in den Jahren nach 1970 den Bundesdurchschnitt bei weitem. Geprägt wurde die wirtschaftliche Entwicklung in Schleswig-Holstein durch einen tiefgreifenden Wandel. Kennzeichnend dafür ist – neben dem Rückgang des Anteils der Land- und Forstwirtschaft sowie der Fischerei – die Ausweitung des tertiären Sektors. Hier haben die Dienstleistungsunternehmen, zum Beispiel Kreditinstitute, Versicherungsunternehmen und andere Dienstleistungen, sich besonders positiv entwickelt. Ihr Beitrag zur gesamten wirtschaftlichen Leistung in unserem Lande ist beständig gestiegen.

Die Entwicklung von einer „Agrarprovinz" zum modernen Gewerbe- und Dienstleistungsland hat Schleswig-Holstein stark verändert, weit überwiegend zum Positiven. Nur dadurch ist die erreichte Selbständigkeit Schleswig-Holsteins dauerhaft gesichert und nur so errang der Norden Deutschlands neue Attraktivität für seine Bewohner wie für Außenstehende. Andererseits hatte diese Entwicklung auch problematische Folgen, wie die Belastung von Natur und Umwelt zeigt.

Neue Grundlagen für Bildung und Kultur

Auch für den gesamten Bildungsbereich, insbesondere für die Schulen und Hochschulen, bedeutete das Jahr 1945 einen tiefen Einschnitt. Einerseits waren wichtige Bildungseinrichtungen, zum Beispiel die Kieler Universität, zerstört, andererseits hatte sich die Zahl der Schüler im Jahre 1947 gegenüber 1938 nahezu verdoppelt. Für je fast 100 Schüler stand nur ein Klassenraum zur Verfügung. Der Bau neuer und die Erweiterung vorhandener Schulen waren vordringlich. So wurden mit etwa 600 Millionen DM bis 1965 über 5800 Klassenräume neu errichtet.
In den 50er Jahren wurde das gegliederte Schulwesen im Lande gefestigt. Neue Möglichkeiten des Überganges in weiterführende Schulen wurden geschaffen. Das Berufsschulwesen entfaltete sich in allen Teilen des Landes. Im ländlichen Schulwesen fand eine vorsichtige Konzentration von Schulen statt, um klassenweisen und fachbezogenen Unterricht zu ermöglichen. Die Sonderschulen im Lande wurden ausgebaut. Die Landessatzung für Schleswig-Holstein enthält nur wenige Grundsätze über Schulpflicht, Bekenntnisfreiheit und die Rechte der Erziehungsberechtigten. Der neue rechtliche Rahmen für die Entwicklung des Schulwesens wurde 1951 durch ein einfaches Gesetz geschaffen. 1955 folgte das Schulpflichtgesetz. Das Schulunterhaltungs- und -verwaltungsgesetz von März 1957 regelte das Verhältnis zwischen Schulträgern und Land über die Verteilung der Schullasten. Der Staatskirchenvertrag aus dem Jahre 1957 legte fest, daß die öffentlichen Schulen in Schleswig-Holstein „Gemeinschaftsschulen mit christlichem Grundcharakter" sind.
Waren diese gesetzlichen Vorhaben – abgesehen vom Streit über die sechsjährige Grundschule – von überwiegender Zustimmung im Lande getragen, so kam es in der Bildungspolitik in den 60er Jahren zu erheblichen Spannungen. Die Warnung Georg Pichts vor einer Bildungskata-

strophe und das allgemeine Aufbegehren gegen überkommene Strukturen und Wertvorstellungen brachten Unruhe in das Bildungswesen. Gegen Ende der 60er Jahre sammelte sich vielfältige und unterschiedliche Kritik an Staat und Gesellschaft in neuen bildungspolitischen Vorstellungen. Nicht wenige sahen in der Schule ein geeignetes Instrument, Staat und Gesellschaft wesentlich zu verändern. Unter Hinweis auf mehr Chancengleichheit wurde teilweise bewußt auf Leistungsorientierung verzichtet. Tendenzen der Vereinheitlichung und in ihrer Folge der Niveausenkung machten sich bemerkbar. Allgemeine Gesellschaftskritik gipfelte in der Forderung nach der generellen Einführung der Gesamtschule.

In Schleswig-Holstein wurde diesen Forderungen mit einem Programm „Freiheit durch Bildung" begegnet. Das – nicht flächendeckende – Angebot von Vorklassen für Fünfjährige, die Einführung der Orientierungsstufe als Ersatz für die bisherige Übergangsprüfung beim Wechsel von der Grundschule in die weiterführenden allgemeinbildenden Schulen, die Oberstufenreform für das Gymnasium, die Ausweitung der Berufsfachschulen und Fachgymnasien einschließlich der Gleichstellung von allgemeiner und beruflicher Bildung, die Einführung der Schulpflicht für geistig behinderte Kinder sowie die Bildungsberatung waren die wichtigsten Ziele dieses Programms. Die auf einige Standorte begrenzt eingerichteten Gesamtschulversuche bestätigten nicht die Erwartung mancher Befürworter. Die Überlegenheit gegenüber dem herkömmlichen Schulwesen konnte nicht bewiesen werden, eher umgekehrt.

Infolge der Bevölkerungsentwicklung stiegen die Schülerzahlen an den allgemeinbildenden Schulen Schleswig-Holsteins zunächst sehr stark und führten zu zusätzlichen Sonderprogrammen insbesondere im Schulbau. Die Erweiterung und auch Veränderung des Wissenskanons blieb nicht ohne Auswirkung auf die Unterrichtsinhalte, die Fortschreibung und Änderung der Lehrpläne, die Entwicklung in der Lehrerbildung. Im Interesse der Chancengleichheit in den ländlichen Gebieten wurden kleinere Schulen aufgelöst und zu mindestens zweizügigen Grund- und Hauptschulen zusammengeführt. Dadurch wurde der Fachunterricht erheblich verbessert. Die stärker werdenden Übergänge zu den Realschulen und den Gymnasien forderten den Ausbau dieser Schularten. Insgesamt erhöhte sich die Zahl der Lehrer an den allgemein- und berufsbildenden Schulen um fast die Hälfte.

Die großen bildungspolitischen Probleme der 60er und 70er Jahre sind weitgehend überwunden oder werden nicht mehr als solche empfun-

den. Die sechsjährige Grundschule, die es in einigen anderen Ländern noch oder wieder gibt, ist kein Thema mehr. Die Anhänger der Gesamtschule sind ruhiger geworden, teilweise beeindruckt durch die Leistungsfähigkeit des gegliederten Schulwesens, teilweise wegen der nur begrenzten Resonanz in der Öffentlichkeit. Auf die quantitativen Probleme, das Ansteigen der Schülerzahlen und den Mangel an Schulraum, hat die Landesregierung mit gewaltigen Investitionen beim Schulbau und bei der Sachausstattung der Schulen sowie mit der Vermehrung von Planstellen noch bis Anfang der 80er Jahre geantwortet.
Gleichzeitig jedoch sind die Schülerzahlen in den letzten Jahren sehr stark zurückgegangen. Bei längerfristig kaum nennenswerten Pensionierungen erlauben sie nur noch sehr begrenzt Neueinstellungen von Lehrern. Dies stellt ein neues Problem für die Schule dar, weil lebendiger und gegenwartsnaher Unterricht leichter zu bewerkstelligen ist, wenn die Lehrerkollegien sich immer wieder durch Neuzugänge verjüngen. Die Landesregierung hat deshalb die Möglichkeiten für Lehrkräfte, sich beurlauben zu lassen oder einer Teilzeitbeschäftigung nachzugehen, als erstes Bundesland gesetzlich verankert und praktisch angewandt. Es wurden Mittel für einen Fonds zur Beschäftigung arbeitsloser Lehrer bereitgestellt. Planstellen wurden im Verhältnis zu den zurückgehenden Schülerzahlen in erheblich geringerem Umfang gestrichen, so daß sich die Schüler-Lehrer-Relation deutlich verbesserte. Nach der Diskussion um die richtige Schulorganisation hat die Landesregierung frühzeitig die Lehrpläne reformiert – eine Aufgabe, die noch nicht abgeschlossen ist und natürlich nicht losgelöst von der Schulverfassung betrachtet werden kann.
Von grundlegender Bedeutung war der Erlaß des schleswig-holsteinischen Schulgesetzes vom August 1978. Es bestätigte das inzwischen gefestigte gegliederte Schulsystem, da es der Forderung nach der kind- und schülergerechten Schule mit den Unterschieden in Begabung und Leistungsvermögen am besten gerecht wird. Neu und bildungspolitisch wohl die wichtigste Bestimmung des Schulgesetzes ist daher der § 4, der den Auftrag der Schule sowie ihre Bildungs- und Erziehungsziele in den Grundzügen regelt. Begabung und Fähigkeiten des Schülers stehen im Mittelpunkt sowie sein Recht auf eine Schulbildung, die ihn auf seine spätere Stellung als Bürger vorbereitet. Erstmals werden mit dem Schulgesetz die Bildungs- und Erziehungsziele gesetzlich formuliert. Es sollen die geistigen, seelischen und körperlichen Fähigkeiten gleichrangig gefördert werden. Dem jungen Mensch sollen von der Schule, auf der Grundlage der christlichen und humanistischen Überlieferung, kul-

turelle und religiöse Werte vermittelt werden, und er soll durch sie zu selbständigem Urteil und zu verantwortlichem Handeln geführt werden. Heimatbewußtsein, Verständnis für die Lage und Stellung Deutschlands in Europa sollen durch die Förderung des geschichtlichen Bewußtseins ausgebildet werden, um die Aufgabe des friedlichen Zusammenlebens aller Völker erfassen zu können. Die Schule soll den Schüler befähigen, aufgrund der erlangten Kenntnisse und Fähigkeiten zur Übernahme eines Berufes in der Lage zu sein.
Die Formulierung des Schulauftrages und der Bildungs- und Erziehungsziele war einerseits eine überzeugende Antwort auf Tendenzen, die einer wertneutralen Wissensvermittlung oder einer kritischen bis ablehnenden Haltung gegenüber den Grundprinzipien des gegenwärtigen Staats- und Gesellschaftssystems den Vorrang gaben. Kritikfähigkeit muß nicht Standpunktlosigkeit bedeuten und intellektuelle Wachsamkeit nicht Orientierungslosigkeit. Eine Überbewertung der geistigen Fähigkeiten des Schülers findet heute kaum noch statt, aber eine Höherbewertung seiner seelischen, musischen und körperlichen Fähigkeiten wurde nicht voll erreicht.
Nachhaltig wurde der Ausbau des beruflichen Bildungswesens betrieben. Schleswig-Holstein hat ein vielfältiges Angebot an beruflichen Bildungs- und Ausbildungsmöglichkeiten geschaffen: Der Unterricht an den Berufsschulen als Teilzeitschulen für berufsschulpflichtige Jugendliche ist fachbezogen und allgemeinbildend; er ergänzt die praktische Ausbildung am Arbeitsplatz. Dieses duale System ermöglicht dem Jugendlichen eine Ausbildung in enger Verzahnung zwischen Praxis und Theorie. Jugendliche ohne Ausbildungsverhältnis können in Vollzeitform ein Berufsbildungsgrundjahr beginnen, in dem ihnen Grundkenntnisse in einem Berufsfeld vermittelt werden. Berufsaufbauschulen dienen der Vermittlung berufsbezogener und allgemeinbildender Lerninhalte zum Erwerb eines der Realschule gleichwertigen Abschlusses. Berufsfachschulen vermitteln eine fachbezogene Berufsausbildung und eine erweiterte Allgemeinbildung im wirtschaftlichen, sozialwirtschaftlichen, technischen oder sozialpädagogischen Bereich. Im Fachgymnasium kann zwischen einem sozialwirtschaftlichen, einem wirtschaftlichen und einem technischen Zweig gewählt werden. Alle drei Zweige des Fachgymnasiums bieten die besondere Voraussetzung für weiterführende Studien an Fachhochschulen oder Hochschulen. Fachschulen sollen der Vertiefung und Erweiterung der fachlichen Ausbildung für mittlere Aufgabenbereiche in der Wirtschaft dienen und sind entsprechend der Vielfalt der Berufe auch gegliedert. Fachoberschulen wollen

befähigte junge Menschen durch einen einjährigen Vollzeitunterricht nach ihrer beruflichen Erstausbildung für ein Fachhochschulstudium befähigen. Als berufsfördernde Übergangseinrichtung zwischen Schule und Beruf hat das Jugendaufbauwerk die Aufgabe, Jugendliche durch fachtheoretische und praktische Unterweisung als Förderlehrgang auf ein Berufsbildungsverhältnis vorzubereiten. An der Berufsakademie wird gemeinsam mit den betrieblichen Ausbildungsstätten eine wissenschaftsbezogene, an der Praxis orientierte berufliche Bildung vermittelt, deren Abschluß einem berufsqualifizierenden Hochschulabschluß gleichkommt. Die überbetriebliche Ausbildung stellt eine Ergänzung der Ausbildung am Arbeitsplatz dar, insbesondere für kleinere und mittlere Betriebe.

Das vielfältig gegliederte Berufsausbildungswesen hat sich bewährt. Es räumt einerseits jungen Menschen die Chance ein, auch nach Beendigung der allgemeinen Schulzeit einen weiterführenden Schulabschluß zu erwerben, und dient somit der Chancengerechtigkeit. Es vermittelt andererseits, überwiegend im Zusammenwirken mit der ausbildenden Wirtschaft, solide und zukunftsoffene Grundlagen für die Berufsausübung. Es hat in den letzten Jahren zunehmend an Attraktivität gewonnen – auch für junge Menschen, die die Voraussetzungen zum Studium erworben haben.

Auch die Diskussion um die berufliche Bildung hat sich versachlicht. Das duale System wird nur noch selten prinzipiell in Frage gestellt. Dazu haben besonders die überbetrieblichen Ausbildungsstätten beigetragen, die dafür sorgen, daß jeder Lehrling die erforderlichen Kenntnisse in Praxis und Theorie erwerben kann, unabhängig davon in welchem Betrieb er seine Ausbildung erhält. Die Reform der beruflichen Bildung war viel intensiver und grundsätzlicher als im allgemeinbildenden Schulwesen. Die Kritik, daß das berufliche Schulwesen in der Bildungspolitik nur eine Nebenrolle gespielt hätte, ist nicht zutreffend, wenn auch anzuerkennen ist, daß in den publikumswirksamen Bildungsdebatten Themen des allgemeinbildenden Schulwesens dominierten. Dazu hat wohl auch beigetragen, daß die Hauptbeteiligten dieser Debatten anstelle einer beruflichen Bildung überwiegend ein Hochschulstudium absolviert haben.

Besondere Aufmerksamkeit erforderte nach 1945 das Hochschulwesen. Die Geschichte der Landesuniversität reicht weit zurück. So sind Wissenschaft, Forschung und Lehre in Schleswig-Holstein seit 1665 von der Christian-Albrechts-Universität zu Kiel geprägt worden. Sie hat in ihrer Entwicklung Höhen und Tiefen durchlaufen und war stets wis-

senschaftlicher Kristallisationspunkt des Landes. 1926 wurde als weitere, einer Hochschule vergleichbaren Bildungsstätte die Pädagogische Akademie in Kiel gegründet.
Kriegsende und Zusammenbruch des nationalsozialistischen Systems stellten die Universität vor neue Herausforderungen. Sie lagen in der wissenschaftlichen und pädagogischen Neuorientierung begründet. Sie betrafen den Lehrbetrieb, zunehmend auch die Forschung. Die Gebäude der Universität waren dem Erdboden nahezu gleichgemacht oder schwer beschädigt. Konnten die Fakultäten zunächst in ein Fabrikgebäude am Westrand der Stadt Kiel ausweichen, so mußte die Universität praktisch völlig neu aufgebaut werden.
Die ständig steigende Zahl der Studierwilligen – 1948 gab es 3600, im Jahre 1975 20 400 Studenten in Schleswig-Holstein – erforderte zugleich den Ausbau und die Neuorganisation des Hochschulsystems. Neben Kiel wurde bereits 1946 eine zweite Pädagogische Hochschule in Flensburg errichtet; in Lübeck wurde 1964 eine Medizinische Hochschule gegründet; die Fachhochschulen in Kiel, Lübeck und Flensburg mit Zweigen in Eckernförde und Rendsburg wurden 1969 ausgebaut. Anfang der 50er Jahre wurde ein erstes Programm für den Aufbau und Neubau der Universitätskliniken entworfen und umgesetzt. Insgesamt wurden in den ersten dreißig Jahren nach der Währungsreform in Schleswig-Holstein etwa 820 Millionen DM in den Ausbau der Hochschulen investiert, der auch danach ein Schwerpunkt der Hochschulpolitik im Lande blieb. Der bildungs- und kulturpolitisch bedeutsame Ausbau der Musikhochschule und die Begründung der heutigen Medizinischen Universität in Lübeck, Entstehung und Ausbau der privaten Fachhochschule Wedel und der Verwaltungsfachhochschule in Altenholz bei Kiel sowie die Gründung der privaten Nordischen Universität mit Einrichtungen in Neumünster und Flensburg kennzeichnen diese Entwicklung. Insgesamt wurden für den Ausbau der Hochschulen mit Unterstützung des Bundes im Rahmen der Gemeinschaftsaufgabe Hochschulbau in den Jahren 1979 bis 1984 rund 483 Millionen DM ausgegeben. Landesweit konnte damit die Raumsituation in Schleswig-Holstein – ungeachtet einer weiter bestehenden engen Raumausstattung an einigen Hochschulen oder Fachbereichen – ausgeglichen werden.
Auch die den Hochschulen angegliederten wissenschaftlichen Einrichtungen wurden ausgebaut. Dazu zählen an der Universität Kiel das Institut für Weltwirtschaft, hervorgegangen aus dem 1914 als „Kaiser Wilhelm Stiftung" gegründeten Institut für Seeverkehr und Weltwirt-

schaft. Es wurde im Laufe der Zeit zu einem Zentrum der weltwirtschaftlichen Forschung mit einer der größten Fachbibliotheken der Welt. Das 1937 gegründete Institut für Meereskunde hat sich in den letzten Jahren zum größten und vom Aufgabenbereich her gesehen vielseitigsten ozeanographischen Lehr- und Forschungszentrum Mitteleuropas entwickelt. Das Institut für die Pädagogik der Naturwissenschaften erforscht die Didaktik des naturwissenschaftlichen Unterrichts in Theorie und Praxis. Alle drei Institute haben internationale Bedeutung. Sie werden von Bund und Ländern gemeinsam finanziert.
In Schleswig-Holstein setzten frühzeitig Reformbestrebungen ein, die sich in einem neuen Hochschulrecht niederschlugen: Neue Formen der Mitwirkung und der Mitverantwortung sowie Überlegungen zur Studienreform wurden entwickelt. Mit der kontinuierlichen Aktualisierung des Hochschulgesetzes seit seiner Verkündung im Mai 1973 wurde die Arbeits- und Leistungsfähigkeit der schleswig-holsteinischen Hochschulen gewährleistet. Das Hochschulgesetz umfaßt die Organisation der staatlichen Hochschulen sowie die rechtlichen Grundlagen des Studiums, es enthält Vorschriften für nichtstaatliche Hochschulen sowie des Dienstrechts der Hochschullehrer und anderer wissenschaftlicher Beamten. Es enthält einen breiten Rahmen für die Entwicklung der Hochschulen. Die Hochschullandschaft in Schleswig-Holstein hat ihre Eigenschaften wahren können und ihre Offenheit zukünftigen Anforderungen gegenüber unter Beweis gestellt. Entsprechend der deutschen Tradition ist das Hochschulwesen hier staatlich organisiert. Eine Ausnahme stellt die private Fachhochschule in Wedel dar. Die zukunftsweisende Aufnahme einer Bestimmung über private Hochschulen in das Hochschulgesetz hat es möglich gemacht, daß die Nordische Universität in privater Trägerschaft in Schleswig-Holstein angesiedelt werden konnte. Daß es hierüber, im Gegensatz zur stark ideologisch geführten Debatte bei der Verabschiedung des Hochschulgesetzes, zu keinem prinzipiellen Streit unter den Parteien oder mit Hochschulvertretern gekommen ist, zeigt, wie sehr auch die hochschulpolitischen Erörterungen von einer neuen Sachlichkeit erfaßt sind.
Nach dem Zusammenbruch des Nationalsozialismus, der Kunst und Kultur verbindlich definieren wollte, kam es sehr rasch zu einer wirklichen kulturellen Erneuerung in den Schulen, in der Jugendarbeit, in der akademischen Jugend, in der Erwachsenenbildung, in der freien Kulturpflege und in der Kunstförderung.
Die Landessatzung erwähnt die Kulturpflege ausdrücklich als staatliche Aufgabe. In diesem Sinne ist es Aufgabe der Kulturpolitik, die Freiheit

der Kunst und die Freiräume der Künstler zu sichern, Kunst zu schützen und zu fördern und ihr Raum für Entfaltung zu geben, Kultur selbst zu pflegen und sie durch Dritte zu ermöglichen, für Toleranz und Gesprächsbereitschaft zwischen Künstlern und Publikum zu werben, kulturelle Anstöße zu geben sowie künstlerische Anreize zu bieten. Diese Grundlagen bestimmten den Umfang staatlichen Engagements von Anfang an.

Schon bald wurde in der Bereitstellung kultureller Angebote ein wesentlicher Bestandteil selbstverständlicher Daseinsvorsorge gesehen. Die Förderung der Landesmuseen ebenso wie der Ausbau der kommunalen und privaten Museen im Lande, die starke Hinwendung zur Musik und die Gründung zahlreicher kommunaler oder privater Musikschulen, die zunehmende Aktivität der Heimatvereine in vielen Lebensbereichen, das lebendige Wirken der kommunalen Theater, des Landestheaters, der Amateur- und Laienbühnen, das sehr gut ausgebaute System an Stand- und Fahrbüchereien sowie die erhebliche Zunahme an Einrichtungen und Angeboten der Erwachsenenbildung entsprachen steigendem kulturellen Interesse. Auch der Sport, insbesondere der Vereinssport, nahm einen großen Aufschwung.

Seit Ende der 70er Jahre wurde der Kulturpolitik im engeren Sinne, der Kulturpflege und der Kunstförderung besondere Aufmerksamkeit gewidmet. Die Kulturpolitik des Landes ist seitdem von einer Reihe kulturprogrammatischer Aussagen sowie von der Planung, Durchführung und Unterstützung vieler kultureller und künstlerischer Vorhaben gekennzeichnet. So wurde das Arbeitsprogramm „Kulturelle Entwicklung Schleswig-Holsteins in den 80er Jahren" beschlossen und bereits 1982 fast vollständig ausgeführt. Eine gezielte Kulturpolitik war nur dadurch möglich, daß die verfügbaren Mittel zwischen den Jahren 1978 und 1985 mehr als verdoppelt wurden.

Schleswig-Holstein gehört zu den Ländern mit einer langen Tradition in der Erwachsenenbildung. Bereits im Jahre 1842 wurde als „Pflanzschule für tüchtige Communevorsteher und Ständedeputierte" in Rendsburg die erste Heimvolkshochschule gegründet. Es folgte eine große Zahl weiterer Einrichtungen im Land. Nach 1945 entstanden zusätzliche neue Stätten der Erwachsenenbildung; viele neue Volkshochschulen wurden gegründet. Dies war für die Förderung demokratischen Bewußtseins im neuen Staat und für die Eingliederung der großen Zahl der Flüchtlinge und Vertriebenen wichtig.

Begünstigt durch die alte Tradition und die Vorbilder in den skandinavischen Ländern wurde die Erwachsenenbildung in Schleswig-Holstein

zu einer selbstverständlichen Einrichtung. Kontinuierlich durch das Land und die Kommunen – entsprechend Artikel 7 der Landessatzung – unterstützt, entstanden Volkshochschulen, Kulturringe, Akademien und Bildungsstätten unterschiedlichster Art in allen Regionen.
In der Jugendarbeit gab das Thema „Jugend heute – Gesellschaft von morgen" der ersten Tagung des Landesjugendringes die Aufbruchstimmung des ersten Jahrzehnts nach dem Krieg wieder. Diese Jugendarbeit gab jungen Menschen Orientierung und Raum, ungezwungen Lebensgestaltung und Gemeinschaft zu erfahren. Neben der Jugendverbandsarbeit trat dann die sogenannte offene Jugendarbeit hervor. Innerhalb weniger Jahre wurde im Lande ein flächendeckendes Netz offener Jugendangebote geschaffen, das die vorhandenen Einrichtungen ergänzen sollte.
Bildung und Erziehung haben seit 1945 völlig neue Grundlagen und Ziele erhalten. In ihnen leben die historischen Wurzeln Schleswig-Holsteins weiter. Die Kulturpolitik wurde besonders seit den späten 60er Jahren auch vom Bund, der neue Zuständigkeiten erhielt, beeinflußt.

Schutz von Küsten und Natur

Die 1300 km lange Küstenlinie Schleswig-Holstein trägt zur Besonderheit des Landes bei. Sie erfordert ein modernes und leistungsfähiges Deichsystem, um die Menschen an der Küste zu schützen und dafür zu sorgen, daß die Küsten im Kampf mit den Naturgewalten nicht unterliegen.
Die Notwendigkeit eines vorausschauenden Küstenschutzes wurde durch die Sturmflut vom Februar 1962 unterstrichen. Die Landesregierung stellte daraufhin den „Generalplan Deichverstärkung, Deichverkürzung und Küstenschutz" auf; die Bundesmittel für den Küstenschutz wurden vervierfacht. In der Ausführung dieses Planes konnten die Deichlinie in Schleswig-Holstein um 192 km verkürzt, 216 km Landesdeiche erneuert und verstärkt, die sandigen Küsten an den Nordfriesischen Inseln besser geschützt sowie Eider, Stör, Krückau und Pinnau mündungsnah abgedämmt werden. Beispielhaft war der Bau des Eidersperrwerks von 1967 bis 1973, zu Recht als eines der Jahrhundertbauwerke bezeichnet.

Der 1977 fortgeschriebene Generalplan wurde um „Grundsätze zum Naturschutz und zur Landschaftspflege" erweitert, die sofort die Vordeichung der Meldorfer Bucht im Jahre 1978 und später die deutschdänisch gemeinsam vollendete Vordeichung der Tonderner Marsch beeinflußten. In engem Zusammenhang mit dem Küstenschutz standen auch Vorhaben zur Landgewinnung an der Westküste.

Die schleswig-holsteinische Landesregierung hat schon früh die Aufgabe eines umfassenden Umweltschutzes aufgegriffen. In das Jahr 1953, als das „Programm Nord" initiiert wurde, reichen die Anfänge einer Umweltschutzpolitik zurück, wenn auch rückblickend betrachtet manche Flurbereinigung nicht den Naturschutzansprüchen von heute entspricht. Das wachsende öffentliche Interesse an Fragen des Natur- und Umweltschutzes seit Mitte der 60er Jahre beflügelte diese Bemühungen. Die Landesplanung berücksichtigte seit 1967 Grundsätze für die stärkere Einbeziehung des Natur- und Landschaftsschutzes. Das Wassergesetz aus dem Jahre 1971 in seiner fortgeschriebenen Fassung hat die Ziele und Maßnahmen für einen verbesserten Gewässerschutz formuliert. Das Landschaftspflegegesetz aus dem Jahre 1973 war Modell für die Bundesrepublik Deutschland, eine moderne Naturschutzpolitik zu betreiben. Darauf baute die Biotoperfassung und die Landschaftsrahmenplanung auf. In den 70er Jahren wurden die großen Generalpläne des Landes zum Abwasser- und Küstenschutz (1971), zur Wassergewinnung und -versorgung (1973), zur Abfallbeseitigung (1974), für die Binnengewässer (1978), zur zentralen Klärschlammbehandlung (1981) und zur Landschaftspflege (1973 und 1982) vorbereitet und verabschiedet.

Als erstes Bundesland errichtete Schleswig-Holstein die Stiftung Naturschutz Schleswig-Holstein als Stiftung öffentlichen Rechts mit Sitz in Kiel. Sie soll für den Naturschutz und die Sicherung der Leistungsfähigkeit des Naturhaushaltes besonders geeignete Grundstücke erwerben, langfristig anpachten oder ihre entsprechende Nutzung fördern. In jüngster Zeit wurden durch Abstimmung mit den Betreibern der großen Kraftwerke die Voraussetzungen dafür geschaffen, daß deren Emissionen in unserem Lande drastisch zurückgeführt werden. Diese Bemühungen gehen auf Initiative der Landesregierung schon vor den rechtlichen Bindungen nach der Großfeuerungsanlagen-Verordnung des Bundes zurück.

Für die Umweltpolitik ist nach wie vor die bereits im Jahr 1973 in das neugefaßte Gesetz über die Grundsätze der Landesentwicklung für Schleswig-Holstein aufgenommene Forderung gültig: „Zur Wahrung

der Belange des Umweltschutzes ist ausreichend dafür Sorge zu tragen, daß das Gleichgewicht des Landschaftshaushaltes erhalten wird, Luft, Wasser und Boden rein gehalten werden, die Allgemeinheit vor Beeinträchtigungen durch Lärm, Erschütterungen und schädliche Ausstrahlungen geschützt und die Landschaft in ihrer Eigenart erhalten, geschützt und gepflegt wird."
Verschiedentlich wurde angeregt, den Umweltschutz in die Landessatzung aufzunehmen, um seine besondere Bedeutung für jede vernünftige Zukunftsgestaltung zu unterstreichen. Diese Initiativen waren nicht erfolgreich, weil eine Mehrheit die Landessatzung wegen ihres Charakters als Organisationsstatut für den verfassungsrechtlich ungeeigneten Platz hält. Hinzu kommt, daß die Zuständigkeit des Bundes, insbesondere im technischen Umweltschutz, nach dem Grundsatz „Bundesrecht bricht Landesrecht" dazu führt, daß eine einfache Bundesverordnung der Landessatzung vorgeht. Deshalb gehört eine Staatszielbestimmung über die Verpflichtungen im Sinne des Erhalts der natürlichen Lebensgrundlagen in das Grundgesetz.

Brücke zwischen Mittel- und Nordeuropa

In seiner geographisch vorgegebenen und historisch geprägten Lage war Schleswig-Holstein als Landbrücke zwischen Nord und Süd, zwischen den Meeren im Westen und im Osten von der Dynamik der europäischen Bewegung nach 1945 ebenso unmittelbar betroffen wie von der veränderten politischen Lage in ganz Europa. Die Teilung des europäischen Kontinents nach 1945 vor dem Hintergrund einer stark ideologisch begründeten sowjetischen Machtpolitik wies Schleswig-Holstein eine neue Funktion zu. Zum einen wurde es – mit allen einschneidenden Konsequenzen – Land an der unbarmherzig trennenden Grenze quer durch Deutschland und durch Europa. Zum anderen verstärkte sich die geopolitische und strategische Bedeutung innerhalb des westlichen Verteidigungsbündnisses.
Die Verbindungslage zwischen Nord- und Mitteleuropa und die Angrenzung zur Ostsee wies Schleswig-Holstein als unverzichtbares Glied in der von Nord nach Süd sich erstreckenden Verteidigungslinie aus. Insbesondere für den nördlichen Landesteil bedeutete dies die Stationierung zusätzlicher NATO-Einrichtungen, vor allem in den Berei-

chen der Luftraumverteidigung, der Aufklärung und der Marine. Ohne Schleswig-Holstein wäre die Nordflanke der NATO kaum zu verteidigen.
Mit der Gründung der großen internationalen Wirtschaftsorganisationen in den 50er Jahren, der EWG und der EFTA, entwickelte sich für Schleswig-Holstein eine hervorgehobene Verpflichtung als Brücke und Partner zu Skandinavien. Ausdrücklich kam unserem Land vor allem in der Anfangsphase der getrennten Gemeinschaften die Aufgabe zu, die herkömmlichen guten und engen politischen und wirtschaftlichen Beziehungen zu den Staaten im Norden Europas aufrechtzuerhalten und zu vertiefen. Der Beitritt des Königreichs Dänemark zur Europäischen Gemeinschaft vor über einem Jahrzehnt brachte dann den wirtschaftlich und politisch entscheidenden Brückenschlag. Die Freihandelsabkommen der EG mit Norwegen, Schweden und Finnland haben es diesen Staaten – unter Wahrung ihrer nordischen Zusammenarbeit – erleichtert, die Probleme zu lösen, die sich aus der Erweiterung der EG ergaben.
In der Nachbarschaft zu den nordischen Staaten hat sich über die Landesgrenzen hinweg, über die Vogelfluglinie oder andere Seeverbindungen, eine überaus positive Zusammenarbeit mit Dänemark, Schweden, Norwegen und Finnland ergeben. Sie macht keine internationalen Schlagzeilen, sie ist aber von großer praktischer Bedeutung für die Entwicklung unserer Länder – wie es ein schwedischer Ministerpräsident einmal zutreffend ausdrückte. Gute und vertrauensvolle Beziehungen zum direkten Nachbarn Dänemark sind ein ganz besonderes Anliegen Schleswig-Holsteins. Hier ist unserem Land aus seiner räumlichen und historischen Situation eine Mittleraufgabe zugewachsen.
Viele Schleswig-Holsteiner verstehen die nordische Zusammenarbeit in der positiven Bedeutung für die internationale Verständigung und die Friedenssicherung besser als manche der dafür zuständigen Beamten und Politiker in Bonn. Dieses Verständnis ist historisch gewachsen und hat sich im praktischen Alltag bis in diese Zeit gut entwickelt. Die vier nordischen Staaten haben es auf informelle Weise geschafft – trotz ihrer unterschiedlichen internationalen Positionen; Dänemark ist Mitglied der EG und der NATO, Norwegen nur der NATO, Finnland und Schweden sind neutral, Finnland in der besonderen Variante der sogenannten Paasikivi-Kekkonen-Linie – das „nordische Gleichgewicht" zu erhalten. Ihm verdanken wir wesentlich mit den Frieden in Nordeuropa als Grundlage für gute wirtschaftliche Entwicklungen und belebenden kulturellen Austausch.

Parteien und Fraktionen

Die parteipolitische Entwicklung im Lande beeinflußte erheblich den Wiederaufbau und die Konsolidierung Schleswig-Holsteins. Es ist ein erstaunlich weit verbreiteter Irrtum, wonach das nördlichste Bundesland eine Festung für bürgerliche und konservative Politik gewesen ist. Begünstigt durch das absolute Mehrheitswahlsystem im Kaiserreich hatten die Parteien des politischen Liberalismus in Schleswig-Holstein lange die führende Rolle gespielt. Infolge der Industrialisierung, besonders in Altona und Kiel, erlebten die Sozialdemokraten und auch die Kommunisten in der Weimarer Zeit einen enormen Aufschwung. Schließlich errangen die Nationalsozialisten in Schleswig-Holstein ihre ersten großen Erfolge.
Nach dem Krieg ernannte die Militärregierung das CDU-Mitglied Theodor Steltzer zum neuen Ober- und späteren Ministerpräsidenten. Doch es gelang ihm nicht, die Wahlbürger überwiegend für die CDU zu gewinnen. Die SPD ging aus der ersten freien Landtagswahl 1947 als Sieger hervor. Sie stellte in Folge des Wahlsystems die große Mehrheit der Landtagsabgeordneten, die Hermann Lüdemann, den früheren sozialdemokratischen preußischen Finanzminister, zum ersten gewählten Ministerpräsidenten bestellte. Steltzer legte sein Landtagsmandat nieder. Es darf vermutet werden, daß seine liberalen und sozialen Anschauungen auch kaum mit der dominierenden konservativen Grundströmung in der damaligen CDU übereingestimmt hätten. So hatte es die CDU schwer, im Lande wirklich Fuß zu fassen. Erst 1958 wurde sie stärkste Fraktion im Landtag, blieb aber noch weit von der absoluten Mehrheit der Stimmen entfernt.
Die SPD regierte bis 1950. Seitdem stellt die CDU den Ministerpräsidenten. Dieser grundlegende Regierungswechsel ist auf zwei Hauptgründe zurückzuführen. Die SPD hatte mit ihren Bodenreform- und Schulreform-Verfassungsvorstellungen deutlich an Boden verloren. Aber die CDU war nicht in der Lage, mit der bürgerlichen FDP und DP die Regierung zu bilden. Erst die Entscheidung des BHE – er hatte in Schleswig-Holstein als dem wichtigsten Aufnahmeland für Flüchtlinge und Vertriebene seine Domäne –, einer nichtsozialdemokratischen bürgerlichen Koalition beizutreten, ermöglichte die Regierungsbildung unter der CDU.
Diese Koalition hielt bis 1971, wenn auch gesehen werden muß, daß die DP und der BHE später nicht wieder in den Landtag zurückkehrten.

Davon profitierte die CDU. Viele Mandatsträger, auch Minister waren zuvor zu ihr übergetreten. Erst als die FDP sich entschloß, künftig mit einer deutlich auf dem linken Flügel des Parteienspektrums angesiedelten SPD zusammenzugehen, reagierten die Wähler mit einer absoluten Mehrheit für die CDU, die sie seitdem behauptet hat.
In zwei von vier Wahlen gelang es der FDP nicht, in den Landtag einzuziehen. Manches läßt vermuten, daß die FDP nach Bonner Vorbild für 1987 eine Koalitionsaussage zugunsten der CDU macht. Ob die Wähler darauf mit einer Aufforderung an CDU und FDP reagieren, um – wie schon von 1950 bis 1971 – wieder gemeinsam zu regieren, bleibt offen.
Im Gegensatz zur SPD in den süddeutschen Ländern, wo sie in den langen Jahren der Opposition fast zur Bedeutungslosigkeit absank, konnten die Sozialdemokraten in Schleswig-Holstein eine starke Stellung behaupten. In zwei Bundestagswahlen rückten sie sogar wieder zur stärksten Kraft im Lande auf. Die These, daß die amtierende Landesregierung sich besonders in Zeiten einer sozialdemokratisch geführten Bundesregierung ihrer Mehrheit im Lande sicher sein könne, weil der Wähler einen Ausgleich zu den Bonner Verhältnissen schaffen wolle, ist allerdings zu einfach. Das zeigte dann auch die Landtagswahl 1979; nie war die CDU-Mehrheit gefährdeter.
Einer besonderen Erwähnung bedarf der SSW, die politische Vertretung für die dänisch gesinnten Bürger. Nach 1945, als sich viele Landesbewohner aus vielschichtigen Motiven zum „Neu-Dänentum" bekannten, war seine Stellung besonders stark. Zunächst war er mit vier Abgeordneten im Landtag vertreten. Später wurde er von der 5%-Klausel befreit, so daß er überhaupt in den Landtag zurückkehren konnte. Dazu fand sich die Landtagsmehrheit aber erst nach einem Urteil des Bundesverfassungsgerichts bereit. Seit vielen Jahren stellt der SSW nur noch einen Abgeordneten. Dieses eine Mandat steht ihm allerdings nicht automatisch zu. Es ist erst errungen, wenn der SSW so viele Stimmen auf sich vereinigt, daß er nach dem Höchstzahlverfahren bei der Berechnung der Mandatsverteilung mindestens die für das 74. Mandat erforderliche Stimmenzahl erhält. Das sind auf der Grundlage von nur 80 % Wahlbeteiligung und der jetzigen Bevölkerungszahl gut 20 000 Stimmen. Bei deutlich höherer Wahlbeteiligung oder einer weiteren Zunahme der Wahlbevölkerung in Südholstein ist das SSW-Mandat nicht ungefährdet.
Es ist müßig, sich an Spekulationen zu beteiligen, wie die schleswig-holsteinischen Wähler künftig entscheiden. Sie waren oft für Überraschungen gut. Sie haben häufig für mehr Augenmaß und Bereitschaft

zum demokratischen Kompromiß gestimmt. Diese beiden Feststellungen überlassen die Spekulation dem Leser.

In einer geradlinigen Entwicklung durch die Weltkriege und durch die Ereignisse der 30er Jahre empfindlich gestört, hat Schleswig-Holstein nach 1945 einen neuen Anfang machen können und müssen. Ob die Aufgabe lautete, die Grundlagen für ein demokratisches, politisches Leben neu zu finden, Vertriebene und Flüchtlinge in die Gemeinschaft einzugliedern, den Übergang zu einer modernen Volkswirtschaft zu vollziehen, für Bildung und Kultur völlig neue Grundlagen zu schaffen, Natur, Landschaft und Küsten zu schützen oder soziale Gerechtigkeit zu sichern – im Aufbauwillen der Bürger, im vernünftigen Miteinander der Parteien und in der Arbeit der Verfassungsorgane liegen die großen Erfolge der vier Jahrzehnte nach 1945 begründet. Nach der Bewältigung der Notsituation wurden solide Fundamente für eine Politik gelegt, die den Herausforderungen von Gegenwart und Zukunft gerecht werden kann.

Schleswig-Holstein heute III

Schleswig-Holstein als Heimat

Schleswig-Holstein bietet mit seiner Natur-, Kultur- und Geschichtslandschaft alle Voraussetzungen, um den hier lebenden Menschen Heimat zu sein oder zu werden. Wo der einzelne vertraut ist mit seiner natürlichen oder gestalteten Umgebung, einer Gemeinschaft von Menschen angehört, sich wohl fühlt und Aufgaben wahrnehmen kann, dort ist Heimat für ihn. Übersteigertes Heimatgefühl führt in die Irre oder Enge; sicheres Empfinden für Zugehörigkeit dagegen schafft ein festes Fundament für mitmenschliches, naturoffenes, kreatives, geistiges und geschichtsbewußtes Leben. Heimat ist dort, wo die Menschen zu Hause sind – in ihrer Landschaft, in ihrer Sprache, in ihrer Familie, an ihrem Arbeitsplatz, in ihrer Geschichte.

Heimatpflege ist deshalb eine umfassende Aufgabe. Sie wird überall dort konkret, wo Menschen dauerhaft leben. Dabei kann es sich um Schutz und Pflege der Landschaft, Natur und Umwelt handeln oder um Stadtsanierung und Dorferneuerung. Die Förderung der Sprachen, des Liedgutes und Brauchtums gehört ebenso dazu wie die Bereicherung des kulturellen Lebens. Auch die Möglichkeit, am Wohnort oder in seiner Nähe einen Ausbildungs- oder Arbeitsplatz zu finden, zählt zu den damit verbundenen Aufgaben. Das Bemühen um das historisch Gewordene in Bauten, Denkmalen oder Sammlungen, die Bejahung des Gewachsenen, Vertrauten und Überschaubaren – an vielen Orten und bei vielen Gelegenheiten wird Heimatbewußtsein konkret.

Deshalb darf es nicht rückwärts gewandt sein. Bewahrung *und* Fortentwicklung sind Ansprüche, die gleichberechtigt nebeneinanderstehen und gegeneinander abzuwägen sind. In einer Zeit der rasanten Wissensvermehrung und technischen Entwicklung hilft eine vernünftige Berücksichtigung des Gewachsenen den Menschen, mit Neuerungen besser fertig zu werden, sie nicht als Bruch abzulehnen, sondern als positive Weiterentwicklung aufzunehmen. Die Bereitschaft der Politik, sich im Zusammenhang mit nahezu jeder Aufgabe dieser Frage zu stellen, kann als Notwendigkeit kaum überschätzt werden.

Eine gesunde Umwelt ist Grundlage für ein gesundes Heimatbewußtsein. Das stark gestiegene Umweltbewußtsein in der Bevölkerung macht Fortschritte in der Landschaftspflege leichter durchsetzbar. Waldsterben, Gewässerverunreinigung, Bodenbelastung und viele andere Beispiele belegen, daß Staat, Wirtschaft und Bürger in der Vergangenheit zu sorglos mit den Ressourcen der Natur umgegangen sind.

Über viele Jahrzehnte wurde die Natur zu bedenkenlos belastet. Die Umweltpolitik dieser Zeit hat häufig deshalb noch Reparaturcharakter. Wichtiger aber ist eine zukunftsorientierte Umweltpolitik, das heißt die Anwendung des Vorsorgeprinzips: Jede Generation muß die Umweltprobleme beseitigen, die sie selber schafft.
Vor dem Hintergrund dieser Erkenntnisse stehen Land und Kommunen in Schleswig-Holstein heute vor besonderen Herausforderungen. Die Folgen des wirtschaftlichen und technischen Fortschritts sind mit dem Schutz und der Pflege von Natur und Umwelt in Einklang zu bringen. Das Spannungsfeld zwischen Ökonomie und Ökologie zu lösen, muß mehr als nur Schlagwort sein. Die Hinwendung zur Natur darf nicht zu einer Umwandlung des Landes in ein großes Freilichtmuseum führen. Der wirtschaftliche Fortschritt muß die natürlichen Grenzen respektieren. Hier gibt es keine Patentrezepte. Die sachgerechte Einzelabwägung ist nun einmal die schwierige, oft wenig populäre Aufgabe der Politik.
Die Natur und Umwelt sind in Schleswig-Holstein weniger belastet als anderswo. Deshalb können hier Fehlentwicklungen noch besser vermieden oder aufgehalten werden. Daß dies kein Grund war, umweltpolitisch untätig zu sein, zeigen viele Beispiele aus der jüngsten Vergangenheit.
In den letzten zehn Jahren wurde die Abfallbeseitigung neu geordnet. Die Möglichkeiten, Abfall zu verwerten und Abfallstoffe weiterzuverarbeiten, muß künftig noch stärker beachtet werden. Dennoch bleibt das oberste Ziel, die Abfallentsorgung auf hohem technischen Stand ohne Umweltbelastung zu sichern. Eine Abfallwirtschaft entsteht nicht von allein. Sie wird wirtschaftlich-technisch verursacht. Auf diesem Sektor sind Forschungs- und Entwicklungsinvestitionen Zukunftsinvestitionen, die diesen Namen verdienen.
Bundesweit viel beachtet wurde das Programm des Landes Schleswig-Holstein, das typische Wiesenfloren und -faunen in ihrem Fortbestand sichern und fördern will. Der diesem Programm zugrundeliegende Gedanke muß konsequent weiterentwickelt werden. Wertvolle Böden müssen vor Überbelastung geschützt werden. Deshalb sind diese Flächen, wo möglich, anzukaufen und für Naturpflegezwecke zu verwenden. Vielfach wird eine extensivere Nutzung der richtige Weg sein. Landwirte, die dazu bereit sind, sollten entschädigt werden. Hierin liegt allerdings kein geeigneter Hebel der Landespolitik, das grundlegende Überschußproblem der Landwirtschaft zu lösen. Es würde die Möglichkeiten des Landeshaushalts überfordern, wollte man diese Po-

litik flächendeckend aus Landesmitteln durchführen. Aber für die EG als die für die Überschußproblematik entscheidende Ebene – und nur sie kann sie wegen der europaweit integrierten Markt- und Preispolitik lösen – wäre dies schon der richtige Denkansatz.

Der Landtag hat nach etwa fünfzehnjähriger öffentlicher Diskussion ein Gesetz zum Schutz des schleswig-holsteinischen Wattenmeeres verabschiedet. Damit soll der Schutz dieses einzigartigen Naturraumes verbessert werden, ohne die Lebensinteressen und die traditionellen Nutzungen der dort heimischen Bevölkerung unzumutbar zu beeinträchtigen.

Gerade dieses Beispiel belegt, wie schwer es von der Sache her ist, den richtigen Weg zu finden, der einerseits unterschiedliche Gesichtspunkte angemessen abwägt und andererseits richtig gehaltene Lösung gegen völlig widersprüchliche Interessen durchsetzt. In der Demokratie mit ihren publizistisch wirkungsvollen Vereinfachungen wird oft verkannt, daß die gefundene Lösung ein Ausgleich unter widerstreitenden Interessen ist. So hätte eine Veränderung des Nationalpark-Gesetzes die Idee des Nationalparkes nicht akzeptabler gemacht. Eine weitere Ausdehnung der Zone 1 mit ihrem Totalschutz für die Natur hätte die heimische Wirtschaft und den Fremdenverkehr vor nicht lösbare Probleme gestellt. Aber deren berechtigte Belange durften wiederum nicht dazu führen, auf den verbesserten Wattenmeerschutz zu verzichten. In unserem Rechtssystem war die Schaffung des Nationalparks der einzige Weg, hier zu einem wirkungsvollen Naturschutz zu gelangen. Nur weil dieser im Hinblick auf bereits vorhandene Nutzungen und Berechtigungen nicht total oder optimal ausfallen konnte – die Rechte der Bundeswehr und der Ölgesellschaften waren viel älter als die 1969 geborene Nationalpark-Idee; ihre Beeinträchtigung oder Aufhebung war nicht möglich oder im Hinblick auf immense Schadensersatzforderungen nicht finanzierbar –, bestand kein Grund, den richtigen Gedanken ganz fallenzulassen.

Schleswig-Holstein ist Reinluftgebiet, und trotzdem nehmen die Waldschäden zu. Dies ist ein Grund, die Verschärfung der Bestimmungen zur Luftreinhaltung zu unterstützen und auf ein technisches Überwachungssystem nicht zu verzichten. Dieses System hat übrigens den Nachweis erbracht, daß Waldschäden überwiegend eine Folge des sauren Regens sind. Weil die Emissionen aus den veralteten Kohlekraftwerken der Hamburgischen Electricitäts-Werke überwiegend nach Norden abdriften, haben sie im Segeberger Forst und im Sachsenwald zu erheblichen Schäden geführt.

Schleswig-Holstein ist mit 9 % Waldanteil waldarm. Die Steigerung der Waldfläche auf 12 % ist ein kostspieliges Vorhaben. Noch wichtiger ist es allerdings, daß die Waldvermehrung standortgerecht erfolgt. Unter Verzicht auf Monokulturen sind heimische Baumarten anzupflanzen. Es liegt kein Sinn darin, ein wichtiges Trockenbiotop in eine Kiefernschonung umzuwandeln; hier muß aus Fehlern der Vergangenheit gelernt werden.

Die Erhaltung der Böden, des Grundwassers und der Gewässer erfordert einerseits konsequente Maßnahmen zu deren Schutz und andererseits eine systematische Beseitigung der sogenannten Altlasten. Die Sünden der Vergangenheit kommen uns jetzt teuer zu stehen. Die systematische Erfassung der Altlasten und deren Beseitigung gehören zu den wenig angenehmen Erbschaften. Unser Ziel muß es daher sein, der folgenden Generation solche Erblasten zu ersparen. Wir müssen erkennen, daß Unterlassungen von heute Altlasten von morgen sind.

In besonderer Weise können Naturschutzgebiete gefährdete Natur- und Landschaftsräume in ihrer ökologischen Widerstandsfähigkeit schützen. Zusätzlich können schutzwürdige Landschaften zu Landschaftsschutzgebieten erklärt werden. In Schleswig-Holstein geht es darum, eine naturnahe Erholung mit gleichzeitiger Pflege und Entwicklung großräumiger naturnaher Landschaften zu verbinden.

Da Menschen und Wirtschaft in Schleswig-Holstein stark von den Meeren und Küsten abhängig sind, bleibt es Schwerpunkt einer zukunftsgerichteten Umweltpolitik, den Schutz der Nord- und Ostsee zu verbessern. Das Land Schleswig-Holstein war deshalb maßgeblich an der Formulierung des deutschen Verhandlungsziels für die erste Nordseeschutzkonferenz beteiligt. Auch wenn deren Ergebnisse nicht befriedigen, sind doch zahlreiche Ansatzpunkte für konkrete Maßnahmen vorhanden, die Gewässergüte insgesamt zu verbessern. Die Belastung der Ostsee durch Schiffsabwässer und Schiffsabfälle bleibt ein Problem. Gemeinsam mit Dänemark müssen die Maßnahmen verstärkt werden, die Ostseebelastung zu verringern. Wichtig wäre es, die Nordsee als Sondergebiet im Sinne des Marpol-Abkommens auszuweisen und Elbe, Werra und Weser durchgreifend zu sanieren.

Gerade diese Beispiele zeigen, wie schnell eine mutige Umweltpolitik eines Landes an ihre Grenzen stößt. In der Öffentlichkeit wird die Nordsee-Problematik überwiegend unter dem Blickwinkel der Verölung und Verklappung diskutiert. Diese Probleme dürfen nicht verharmlost werden. Hauptbelastungsfaktor jedoch ist der Schadstoffeintrag durch die – verschmutzte – Luft und die – belasteten – Flüsse. Beide

Probleme können wirkungsvoll nur bundesweit beziehungsweise durch zwischenstaatliche Vereinbarungen gelöst werden. Deshalb muß Schleswig-Holstein als einziger deutscher Nord- und Ostseeanrainer die Rolle des Anwaltes für diese Gewässer übernehmen.

Die reiche Kulturlandschaft Schleswig-Holsteins braucht einen Vergleich mit anderen Kulturregionen Deutschlands nicht zu scheuen. Die besondere, nicht zuletzt von Skandinavien beeinflußte Geschichte Schleswig-Holsteins, seine geographische Lage und alle Schichten der Bevölkerung haben die kulturelle Eigenständigkeit dieses Landes geprägt. Bauern und Handwerker haben die Kultur und Kunst unseres Landes mit Beiträgen bereichert, die vom Selbstbewußtsein, dem Geschmack und der Kunstfertigkeit ihrer Schöpfer zeugen. Das Bürgertum in unserem Lande hat Kulturleistungen von Weltgeltung hervorgebracht. Kolonisation und Christianisierung hinterließen ebenso wie das Mittelalter mit seiner Einheit von Kirche und Gesellschaft eine Fülle aus Frömmigkeit erwachsener Kunstwerke. Auch der Adel und die Großgrundbesitzer gestalteten die Kulturlandschaft Schleswig-Holsteins.

Humanes Leben setzt gesicherte materielle und ideelle Lebensverhältnisse der Bürger voraus. Nach wie vor zählen dazu auch geistig-kulturelle Angebote und Möglichkeiten zur Ausbildung der musisch-schöpferischen Fähigkeiten des einzelnen. Kulturpflege und Kunstförderung bleiben wichtige Aufgaben. Die „Kulturstiftung des Landes Schleswig-Holstein" unterstreicht die grundsätzliche Zielsetzung der schleswig-holsteinischen Kulturpolitik, die äußeren Bedingungen für eine stärkere Teilnahme aller Bürger am Kulturleben zu verbessern und neue Entfaltungsmöglichkeiten für die Künstler unseres Landes zu schaffen. Das „Kulturprogramm für Schleswig-Holstein" stellt die Weichen für eine kreative und ausgreifende Kulturpolitik im kommenden Jahrzehnt.

Land und Kommunen müssen in allen Landesteilen ein möglichst gleichwertiges Kulturangebot sicherstellen. Diesem Ziel dient die Förderung der Theater, Museen und Musikschulen, Künstlerverbände und Kulturorganisationen, von einzelnen Künstlern und Kulturschaffenden und künstlerischen Versuchen. Einrichtungen und Vorhaben, die die künstlerischen und schöpferischen Talente in der Jugend entwickeln wollen, oder Maßnahmen, die dem Umgang mit der Kunst und ihrer Aufnahme unter jungen Menschen dienen, verdienen besondere Aufmerksamkeit. Die Breitenarbeit der kulturellen Verbände im ganzen Land muß möglichst vielen Menschen die Aufnahme von Kunst und Kultur ermöglichen. Die Kunstförderung dient vor allem der Spitzen-

leistung und dem Einzelkunstwerk; sie soll einzelne Künstler und künstlerische Experimente beispielhaft in Musik, Literatur, Tanz und bildender Kunst gezielt unterstützen.
Die Erhaltung historisch wertvollen baulichen Erbes auf dem Lande und in den Städten – wenn nötig auch seine Erneuerung – sichert Identität. Denkmalpflege und Denkmalschutz sind Heimatpflege. Sie haben es mit teilweise schwierigen Herausforderungen zu tun. So müssen neue Wege beschritten werden zur Erhaltung des ländlichen architektonischen Erbes oder angesichts der Bedrohung der Baudenkmäler durch schädliche Umwelteinflüsse. Nach wie vor muß die Kultur der Kirche, des Adels und die bäuerliche Kultur in Schleswig-Holstein gepflegt werden, aber ebenso die Zeugnisse aus der Geschichte des Handwerks und der Industrialisierung. Dringlicher denn je stellt sich die Frage nach der sinnvollen gegenwärtigen Nutzung der denkmalgeschützten Objekte. Eine angemessene Funktion der historisch wertvollen Baudenkmäler dient ihrem Schutz; allein als historische Wahrzeichen würden sie verfallen, weil sie dann finanziell weder für die öffentliche Hand noch für Private tragbar wären.
Auch der archäologische Denkmalschutz bedarf sorgfältiger Beachtung. Der Verlust archäologischer Denkmäler käme einem unermeßlichen Schaden für historische Quellenforschung gleich. Geschichtliches Wissen und Verstehen sind für die Vor- und Frühgeschichte mit den archäologischen Funden verbunden. Geschichtsbewußtsein und archäologische Denkmalpflege gehen, wie Haithabu oder der Oldenburger Wall aufzeigen, Hand in Hand.
Sorgfältige Pflege des Überlieferten gehört zum Lebensbestandteil eines Volkes. Je selbstverständlicher wir die Zeugen der Vergangenheit in unser gegenwärtiges Leben einbeziehen, um so mehr können sie uns bereichern. Die Patenschaften für Pommern und für Mecklenburg müssen auch in diesem Zusammenhang gesehen werden. Sie dienen ebenfalls der Pflege des ost- und mitteldeutschen Kulturgutes. Ihre Einrichtungen sollen Zentren der Begegnung und des Meinungsaustausches werden und die Verständigung mit den östlichen Nachbarn fördern. Gleichzeitig bindet die Pflege dieses kulturellen Erbes uns in besonderer Weise in die europäische Kultur- und Geisteslandschaft ein.
Die großen Aufgaben in der Stadtsanierung und Dorferneuerung zeigen, wie Heimatpflege sowohl Erhalt des Schützenswerten als auch Weiterentwicklung und Anpassung des Gewachsenen an die Bedürfnisse der Gegenwart bedeutet. Altstadtkerne sind so zu sanieren, daß sie das historische Stadtbild sichern, zugleich aber zum Beispiel für Woh-

nungen, Geschäfte, Büros, Praxen gut nutzbar sind. Alte Stadtteile richtig gepflegt, helfen den Bürgern, in ihren Städten wirklich „zu Hause" zu sein. Das gilt ebenso für die Dorferneuerung, die den schmalen Grat zwischen neuzeitlicher Gestaltung und dem Erhalt des gewachsenen Dorfbildes gehen muß.
Wie selbstverständlich wir uns an manche Fehlentwicklung gewöhnt haben, zeigt ein anderes Beispiel: Wenn architektonische oder bauaufsichtliche Mängel erwähnt werden, fällt meist der Hinweis auf Landschaftszersiedelung, auf Beton, Stahl, Glas in phantasieloser Verbindung und in ungeeigneter Umgebung. Hier sind Fehler gemacht worden, die nur sehr schwer wieder korrigiert werden könne. Manche Uniformierung – ich denke an Telefonzellen, Tankstellen, Parkmöglichkeiten – fällt den meisten schon gar nicht mehr als Fehlentwicklung auf.

Schleswig-Holstein als einzigartige Natur-, Kultur- und Geschichtslandschaft zu sehen, ist die entscheidende Voraussetzung für eine zukunftsorientierte Landespolitik. Viele Politiker überschätzen allerdings ihre Gestaltungsmöglichkeiten, und umgekehrt erwarten noch mehr Menschen von der Politik zuviel. Beides läßt sich vermeiden, wenn wir uns auf das Charakteristische Schleswig-Holsteins besinnen. Es geht nicht darum, den jetzigen Zustand festzuschreiben. Im Gegenteil, Politik ist immer Bewahrung *und* Gestaltung. Aber es gilt zu erkennen, an welche unüberwindlichen Grenzen jeder politische Gestaltungswille stößt und welche Grenzen er um der Identität des Landes willen nicht überschreiten sollte. Hierüber wird es in der demokratischen Auseinandersetzung stets Meinungsunterschiede geben. Die Diskussion um das sogenannte Süd-Nord-Gefälle jedoch zeigt, wie wenig pauschale Begriffe geeignet sind, um der differenzierten Wirklichkeit zu entsprechen. Natürlich hat Schleswig-Holstein immer noch einen wirtschaftlichen Nachholbedarf, aber dafür viele andere „Qualitäten", die wir nicht unterbewerten sollten. Politik für Schleswig-Holstein kann und darf nie eine Kopie anderer Länder sein. Unsere Geschichtslandschaft, die Gewohnheiten, Betrachtungsweisen und Gefühlsbindungen der Menschen, die Wechselwirkung des Landes mit den Meeren, die Natur mit ihren Besonderheiten und das Kulturgut sind Teil des Landes, über das die Politik nicht verfügen kann. Es wäre ein großartiger Gewinn für die politische Kultur im Lande, wenn diese Betrachtungsweise in der öffentlichen Meinung um sich greifen würde. Sie wird sicher von einer großen Mehrheit geteilt, aber es gilt, daß sie den Menschen auch bewußt wird.

Soziale Gemeinschaft

Gemeinschaft ist unverzichtbar für den Menschen. Im Zusammenleben mit einem anderen Menschen, in der Familie, in der Zugehörigkeit zu einer Nation kann der einzelne solche Bindungen finden. Um so wichtiger ist es, daß in Schleswig-Holstein die Grundlagen für humanes Zusammenleben der Menschen erhalten und weiterentwickelt werden und daß eine verantwortungsbewußte Politik die Voraussetzungen für gerechtes soziales Miteinander fördert. So wie Natur, Kultur und Geschichte die eine Seite von Heimat darstellen, so empfindet der Mensch seine sozialen Bindungen als notwendige Ergänzung seines Heimatgefühls.
Unsere pluralistische gesellschaftliche Ordnung überläßt es dem einzelnen, wie und in welcher Form, ob mit anderen oder allein, er sein Leben gestaltet. Gemeinschaft beginnt dort, wo zwei Menschen füreinander da sind. Neben der Ehe müssen auch andere Formen des Zusammenlebens respektiert werden. Auch in der heutigen Zeit hat die Familie eine unersetzbare Aufgabe und Bedeutung als menschliche Lebensgemeinschaft. Sie ist mit keiner anderen menschlichen Bindung vergleichbar. Sie bietet Schutz und Geborgenheit. Sie ist für die Daseinsvorsorge der Familienmitglieder verantwortlich und hat die wichtige Aufgabe, für die heranwachsende Generation zu sorgen und sie zu erziehen.
In der Familienpolitik haben alle Maßnahmen Vorrang, die die Erziehungskraft und die Unabhängigkeit der Familie stärken können. Angesichts der Veränderungen in der Wirtschaft, der Arbeitswelt, in der sozialen Sicherung, der Schule und im Freizeitverhalten stellen sich auch neue Aufgaben. Dabei muß Familienpolitik auch künftig vorrangig Hilfe zur Selbsthilfe gewähren. Vorschläge, die den Familienlastenausgleich verbessern können, verdienen besondere Beachtung. Maßnahmen wie die Einführung eines Erziehungsgeldes oder die Anerkennung der Erziehungsjahre in der Rentenversicherung müssen uneingeschränkt unterstützt werden.
In der Bundesrepublik Deutschland klafft aber nach wie vor ein Widerspruch zwischen der Schutzfunktion des Staates gegenüber Ehe und Familie nach dem Grundgesetz und der Wirklichkeit. Immer mehr Menschen empfinden Ehe und Kinder als persönliche Einschränkung oder gar soziale Belastung. Und in der Tat bedeutet für die Mehrheit der Bürger Kindersegen persönlicher materieller Verzicht. Die politische Forderung nach finanziellem Ausgleich ist grundsätzlich berechtigt.

Aber losgelöst aufgestellt, ist sie verhängnisvoll. Denn sie suggeriert, es könne hierfür einen vollen Ausgleich geben; das ist nicht möglich, die Verantwortung für Kinder ist durch keine Steuerregelung oder Transferleistung auszugleichen. Deshalb bedarf es des Bekenntnisses, daß dies auch gar nicht gewollt ist, weil Kinder Lebenserfüllung bedeuten sollen. Die materiellen Lasten sollen nur verringert werden, damit das mit ihnen verbundene Lebensglück auch so empfunden werden kann.

Eine Vielzahl von besonderen Maßnahmen und Einrichtungen in Schleswig-Holstein kommt gerade den Familien zugute. Dazu gehört das Netz von Kindergärten, die die Erziehung in der Familie in enger Zusammenarbeit mit den Eltern unterstützen sollen. Neue Kindergärten können jedoch nur noch dort errichtet werden, wo dies aufgrund der Bevölkerungsentwicklung oder wegen unzureichender Versorgung in einzelnen Bereichen erforderlich ist. Ferner stehen den Familien überall im Lande Familienbildungs- und -beratungsstätten sowie Familienseminare zur Verfügung. Ebenfalls seit Jahren wird die Familienerholung gefördert. Die Stiftung „Familie in Not" behält ihre wichtige Aufgabe, Familien mit Kindern zu helfen, wenn gesetzliche oder sonstige Leistungen nicht ausreichen oder nicht möglich sind.
Einschneidende gesellschaftliche, technische und wirtschaftliche Veränderungen lassen die Situation der Frau in einem anderen Licht erscheinen. Es gilt, die Frauen in der Möglichkeit zu unterstützen, sich für Familie oder Beruf oder für eine Verbindung beider zu entscheiden. Viele Frauen wollen dies mit einer Teilzeitbeschäftigung erreichen. Deshalb kann nicht hingenommen werden, daß Teilzeitarbeit bei Arbeitgebern und Gewerkschaften immer wieder auf Bedenken stößt. Die Teilzeitarbeitsplätze in Wirtschaft und Verwaltung müssen ausgeweitet werden.
Die Gleichberechtigung von Mann und Frau ist zwar in der Verfassung verankert, in der sozialen Wirklichkeit jedoch nicht durchgesetzt. Hier kann der Ruf nach dem Staat nicht alles bewirken, hier sind allgemeine Bewußtseinsveränderungen unverzichtbar. Wohl aber kann der Staat entscheidende Maßnahmen ergreifen und seine Vorbildfunktion besser erfüllen. Auch das Land mit seinen vielen öffentlichen Einrichtungen kann hier Wichtiges leisten: Der Frauenbericht der Landesregierung vom März 1985 stellt dar, daß in vier großen Bereichen neue Antworten gefunden werden müssen. Vor allem die Chancen der Mädchen in der beruflichen Bildung, die Situation der Frauen in Familie und Berufsleben und die der älteren Frauen sowie die Teilnahme und Vertretung

von Frauen in Politik und Gesellschaft sind zu verbessern. In diesen Bereichen muß Frauenpolitik mit einem zukunftsorientierten Frauenprogramm ansetzen und kann sie – wie die Erfahrung zum Beispiel bei der Qualifizierung von Frauen mit Hilfe der neuen Technologien zeigt – Positives bewirken. Die neu eingerichtete Kommission für Frauenfragen unterbreitet Empfehlungen für eine weiterführende Frauenpolitik und ist Anlaufstelle für alle Frauen in Schleswig-Holstein. Sie unterstreicht die Notwendigkeit einer Frauenpolitik, die dem Wandel der gesamtgesellschaftlichen Lebensbedingungen der Frauen in der fortgeschrittenen Industriegesellschaft Rechnung tragen muß.
Unbestreitbar ist die Tatsache, daß viele Frauen in der Wirklichkeit ihres Lebens im Vergleich zu Männern nur eingeschränkte Selbstbestimmungs- und Selbstverwirklichungsrechte hatten und teilweise noch haben. Deshalb bleibt es eine Aufgabe für Politik und Gesellschaft sowie für jeden einzelnen, Gleichberechtigung zu verwirklichen. Es bleibt die Aufgabe – bei aller Anerkennung der biologischen Unterschiede zwischen Frau und Mann –, jedem einzelnen Menschen die Chance zur sinnvollen Lebensgestaltung nach eigenen Vorstellungen zu gewährleisten.

Bildung und Erziehung, berufliche Bildung und Ausbildung sollen Zukunftschancen der Jugend sichern. Darüber hinaus muß den jungen Menschen die Möglichkeit gegeben werden, sich sozial, politisch und kulturell, sportlich und in Gemeinsamkeit mit anderen zu betätigen und auch mitverantwortlich zu handeln. Die offene und die Jugendverbandsarbeit, die private und öffentliche Jugendpflege müssen künftig noch stärker zusammenarbeiten, vorhandene Einrichtungen noch besser genutzt werden.
Die Jugendarbeit der Verbände, von den Sportvereinen abgesehen, befindet sich in einer schwierigen Phase. Immer weniger Jugendliche sind bereit, sich auf Dauer einem Verband anzuschließen. Deshalb helfen hauptamtliche Jugendbildungsreferenten kaum, wenn sie nur die Verwaltung der vorhandenen Verbände organisieren. Eine wirklich offene Jugendarbeit muß auf die größer gewordene Vielseitigkeit der jungen Leute eingehen. Solange Jugendverbände sich überwiegend politisch verstehen, werden sie nur eine Minderheit erreichen, denn junge Menschen wollen politisch interessiert, aber nicht politisiert werden. Sie wollen sich kreativ betätigen, Gemeinschaft erleben, Aufgaben bewältigen, Abwechslung und vielseitige Herausforderung spüren. Das hierfür notwendige Angebot gibt es noch nicht.

Ein Schwerpunkt der Jugendpolitik ist heute der Jugendschutz. Auch die Entwicklung neuer Medien und Videokassetten sowie sonstige Reizüberflutungen stellen ein großes Problem dar. Der praktische Vollzug des Jugendschutzes muß erheblich verbessert werden. Andererseits machen es sich Erziehungsberechtigte (und -verpflichtete!) häufig zu leicht, wenn sie den Jugendschutz nur als staatliche Aufgabe sehen. Er fängt in der Familie an.

Moderne Sozialpolitik dient der sozialen Gerechtigkeit. Sie muß dort tätig werden, wo der einzelne Bürger in seiner Würde als Mensch und in der Entfaltung seiner Persönlichkeit beeinträchtigt ist. Diese Aufgabe ist ihr auch und gerade in der heutigen Zeit gestellt, denn es gibt leider noch viele Situationen, wo der einzelne in Not ist und sich nicht mehr selbst zu helfen weiß.

In Schleswig-Holstein ist das „Soziale Bürgerprogramm" 1985 angelaufen. Es hat viele soziale Aufgaben zusammengefaßt und unterstützt vorrangig die freien Träger der Wohlfahrtspflege. Das „Soziale Bürgerprogramm" soll es den Wohlfahrtsverbänden ermöglichen, ihre Arbeit zu verstärken, um möglichst vielfältige Hilfsangebote bereitzustellen. Wir brauchen nach wie vor ein solches Programm, das im Sinne von mehr sozialer Gerechtigkeit direkt dem hilfsbedürftigen Menschen zugute kommt.

Sozialpolitik muß beachten, daß in Schleswig-Holstein etwa 400 000 Menschen leben, die 75 Jahre oder älter sind. Sie sind oft alleinstehend und möchten so lange wie möglich selbständig sein und in ihrer gewohnten Umgebung bleiben. Ambulante soziale Dienste sind daher besonders wichtig, vor allem in der Zusammenarbeit von Gemeindepflege, Krankenpflege, Hauspflege und Sozialstationen. Um bei der Pflege älterer Mitbürger die Familien und Nachbarn zu unterstützen, muß das Netz der Angebote für ältere Menschen ausgebaut werden. Altenzentren, Kurzzeitpflegeeinrichtungen oder Angebote der offenen Altenhilfe können dazu beitragen. Wir müssen mehr Phantasie als bisher aufwenden, damit unsere älteren Mitbürger aktiv am Leben der Gesellschaft teilhaben können.

In der Krankenversorgung müssen wir erkennen, daß bei allgemein ausreichendem Bettenbedarf die Zeit der Krankenhausbauten – bis auf wenige Ausnahmen – vorüber ist. Um so wichtiger ist die Aufgabe, Krankenhäuser zu sanieren und insbesondere den Funktions- und Pflegebereich an die medizinische Entwicklung anzupassen. Der rasante Ausbau des Krankenhauswesens von der kleinen Klinik bis zu den medizinischen Universitätseinrichtungen hat – verbunden mit dem Fortschritt in der Medizintechnik – die Krankenhauskosten sehr verteuert, ohne den Aufenthalt dort immer menschenwürdiger zu gestalten. Die Apparatemedizin wird die ihr zugedachten Wirkungen nicht entfalten können, wenn nicht der Wille zur Gesundheit insgesamt gestärkt wird. Gesundheitserziehung und die enge persönliche Beziehung zwischen Patienten und betreuendem Personal sind dafür unverzichtbare Voraussetzungen. Die medizinische Betreuung des arbeitenden Menschen erhält einen besonderen Stellenwert.

Zwar leben in Schleswig-Holstein erheblich weniger Ausländer als in anderen Bundesländern. Dessenungeachtet erfordert das Miteinander große Anstrengungen auf beiden Seiten. Wir sind alle mitverantwortlich für ihr Wohlergehen, denn die meisten von ihnen wurden eingeladen, hier zu arbeiten und Leistungen zu erbringen. Diesem widerspricht nicht eine Politik, die die weitere Zuwanderung von Ausländern begrenzt und ihre Bereitschaft zur Rückkehr stärkt. Eine offene Politik gegenüber den hier lebenden Ausländern stellt sich als Ziel, ihre wirtschaftliche und soziale Eingliederung zu verbessern und ihr Aufenthaltsrecht zu präzisieren. Deutsche und Ausländer müssen sich gegenseitig achten. Sie können sich bereichern. Dies setzt voraus, daß die Ausländer auch mit uns allmählich zusammenwachsen wollen. Gleichzeitig muß ihnen Raum für kulturelle Eigenständigkeit bleiben.

Sozialpolitik in Schleswig-Holstein bedeutet eine Fülle geregelter Unterstützungs- und Sicherungsformen. Darüber hinaus gibt es eine Vielzahl privater Hilfen und Initiativen in unserer pluralistischen Gesellschaft.

Für das öffentliche Leben wichtiger denn je ist das segensreiche Wirken der kirchlichen Dienste und Werke. Das kirchliche Leben in Schleswig-Holstein ist durch die beiden großen christlichen Kirchen geprägt. Das Recht der Kirchen, ihre Angelegenheiten innerhalb der Schranken des für alle geltenden Gesetzes selbständig zu ordnen und zu verwalten, ist selbstverständlich. Zahlreiche Aufgaben im sozialen und kulturellen, im pädagogischen und geistigen Bereich werden in enger Zusammenarbeit mit der staatlichen Seite erfüllt.

Aufbauend auf dem Prinzip der Subsidiarität haben die Arbeit der Verbände und die eigenverantwortliche Leistung des einzelnen Vorrang vor der staatlichen Tätigkeit. Daraus ergibt sich die Verpflichtung, die Verbände und freien Träger auch finanziell zu unterstützen. Nicht zuletzt hierdurch wird die Kraft des Gemeinwesens gestärkt. Insgesamt aber vergrößert die Gemeinsamkeit der verschiedenartigen Aktivitäten den Entscheidungsspielraum des einzelnen.

Der Bürger verlangt zu Recht ein humanes und soziales Klima in allen privaten und öffentlichen Bereichen. Dies muß das Ziel sein, dem eine soziale Politik sich verschreibt. Eine Vielzahl von Tätigkeitsfeldern erfordert unsere Aufmerksamkeit. Gesunde Familienverhältnisse, volle Anerkennung der Frau, Toleranz gegenüber Ausländern, Verständnis für alte Menschen, Hilfe für Kranke oder Behinderte oder Suchtgefährdete, Förderung und Herausforderung der Jugend, Freiräume für Minderheiten, das sind nur einige wichtige Stichworte, die umschreiben, was immer wieder neu verwirklicht werden muß. Durch mehr Rücksichtnahme aufeinander und durch größere Verantwortung dem Gemeinwohl gegenüber sollen Bedingungen geschaffen werden, damit sich der Bürger in seinen persönlichen Bindungen gegenüber anderen wohl fühlen kann. Dies sicherzustellen ist Aufgabe der Politik, aber zugleich Aufforderung für jeden einzelnen. Denn es bedarf keiner Erklärung, daß das soziale Klima nicht vom Staat allein beeinflußt wird. Jeder einzelne ist mit seiner persönlichen Einstellung, seinem Tun oder Unterlassen verpflichtet, seinen Beitrag zu leisten.

Arbeit und Wirtschaft

Vorrangiges Ziel einer zielstrebigen Wirtschaftspolitik im Lande bleibt es, die Wettbewerbsfähigkeit der Unternehmen zu stärken sowie Arbeitsplätze zu sichern und neue zu schaffen. Dabei stehen marktwirtschaftliche Grundprinzipien der Leistungs- und Anpassungsfähigkeit sowie der Hilfe zur Selbsthilfe obenan. Die Wirtschaftspolitik hat in allen Bereichen die wirtschaftliche Entwicklung auf überregionaler Ebene zu berücksichtigen. Übergreifende Wachstumspolitik auf Bundesebene, ein angemessenes und über einen längeren Zeitraum stetiges Wirtschaftswachstum ist nicht nur wünschenswert, sondern unabdingbar für den Abbau der Arbeitslosigkeit. Zur stabilitätsorientierten Wirtschafts- und Finanzpolitik gibt es keine Alternative.
Die regionale Wirtschaftsförderung muß von den regional unterschiedlichen Lebensbedingungen und Erwerbsmöglichkeiten ausgehen und diese in allen Landesteilen verbessern. Arbeitsplätze müssen möglichst dort geschaffen werden, wo die Menschen wohnen. Dauerarbeitsplätze mit guten Verdienstmöglichkeiten brauchen eine moderne Infrastruktur, die der Daseinsvorsorge der Menschen dient und die Standorte für neue Investitionen attraktiv macht.

Rückgrat der schleswig-holsteinischen Wirtschaft sind die mittelständischen Unternehmen. Sie müssen es bleiben. Sie brauchen auch künftig notwendige Freiräume und verläßliche Rahmenbedingungen zu ihrer Entwicklung. Sie müssen in ihrer Risikobereitschaft und -fähigkeit gestärkt werden. Hier ist in besonderer Weise das Prinzip der Hilfe zur Selbsthilfe Richtschnur jeglichen staatlichen Handelns, damit keine unerwünschten Mitnahmeeffekte bei Staatshilfen entstehen.

Am Markt behaupten kann sich heute nur derjenige, der neue Ideen hat und der zukunftsweisende Vorstöße wagt. Wachstumsgerichtete und beschäftigungsorientierte Wirtschaftspolitik für Schleswig-Holstein muß angesichts der rasch fortschreitenden technologischen Entwicklung noch stärker Forschungs- und Entwicklungspolitik sein. Gleichzeitig sind die Möglichkeiten der neuen Informations- und Kommunikationstechniken noch gezielter zu nutzen, um die Wirtschaftskraft Schleswig-Holsteins zu stärken. Die Einführung dieser neuen Technologien durch die Bundespost wird in ihrer Bedeutung für unseren Raum zu Recht gleichgesetzt mit dem Ausbau des Verkehrswesens in den letzten 100 Jahren. Denn die Kommunikations-Stränge von heute und morgen haben eine den Straßen von gestern vergleichbare Bedeutung. Von der Deutschen Bundespost wird deshalb erwartet, daß die modernen Informations- und Kommunikationssysteme nicht nur den großen regionalen Zentren, sondern auch den strukturschwächeren Gebieten zugute kommen werden.

Bedeutungsvoll für unternehmerische Tätigkeit sind neben dem Fernsprecher insbesondere die Dienste Telefax, Telex, Teletex, Bildschirmtext und Datenübermittlungsdienste. Vor allem kleine und mittlere Unternehmer können mit Hilfe der neuen Technologien Bereiche für sich eröffnen, die bisher nur großen Unternehmern offenstanden. Die Position gerade der mittelständischen Unternehmen wird dadurch gestärkt.

Ungeachtet der neuen Technologien sind bessere Verkehrsverbindungen für Schleswig-Holstein nach wie vor unverzichtbar. Unser Land muß zügig und verkehrsgerecht an das überregionale Verkehrsnetz angebunden bleiben. Gute Verbindungen der einzelnen Teilräume Schleswig-Holsteins untereinander sind wichtig, um die Randlage zu mildern, Standortnachteile auszugleichen, die Erfordernisse des Durchgangsverkehrs vom Süden und nach Skandinavien zu erfüllen und Unterschiede innerhalb des Landes zu beheben. Gleichzeitig sind günstige Verkehrsanschlüsse für den Personen- und Frachtverkehr und ein attraktives Angebot des Personennahverkehrs bedeutsam bei der Standortentscheidung von Unternehmen mit fortgeschrittener Technik. Für die Verkehrsverbindungen und damit auch für die wirtschaftliche Entwicklung haben in unserem Küstenland die über 50 Häfen unvermindert ihre Bedeutung. Dies betrifft sowohl den Fracht- als auch den Personenverkehr. Infolge seiner geographisch günstigen Lage ist Schleswig-Holstein zu einer Drehscheibe für Handel und Verkehr zwischen Mittel- und Nordeuropa geworden. Dichte Schiffahrtslinien, neue Transportformen im Fährverkehr und hochentwickelte Umschlagstechniken in den Häfen prägen diesen Verkehrsmarkt. Die Wirtschaftspolitik des Landes muß neue Projekte mit neuen Transportformen vereinbaren mit Umwelt- und Energieforderungen.

Für eine zukunftsgerichtete Wirtschaftsentwicklung ist die ausreichende Versorgung des Landes mit Energie zu einem günstigen Preis unerläßlich. Wir brauchen eine preiswerte, sichere, ausreichende und umweltschonende Energieversorgung der schleswig-holsteinischen Wirtschaft und Bevölkerung. Deshalb müssen sparsamer und rationeller Energieeinsatz gefördert, heimische Energieressourcen erschlossen, die Erdgasversorgung ausgebaut und Kraftwerke modernisiert werden. Auch angesichts problematischer Entwicklungen, insbesondere der Umweltbelastung, sind die Möglichkeiten des verstärkten Einsatzes von Kernenergie offenzuhalten.
Zukunftsweisende Bedeutung für die kommenden Jahrzehnte hat für Schleswig-Holstein die Meereswirtschaft. In Schiffahrt und Schiffbau, in Meerestechnik und Meeresforschung, in Fischerei, Küsten- und Umweltschutz liegen Herausforderungen für die Zukunft. Sie sind nicht nur wirtschaftlich und landschaftlich von Bedeutung, sie berühren den Kernbereich der schleswig-holsteinischen Identität. Ein Verzicht auf Forschung und Entwicklung hier, auf die Ansiedlung neuer Unternehmen und Einrichtungen, teilweise auch auf neue Strukturen, käme einem Verzicht auf Zukunft gleich. Mit intensiver Unterstützung durch den Bund müssen hier entscheidende Weichen gestellt werden, die die Wirtschaft unseres Landes insgesamt beeinflussen werden.
Für Fragen der wirtschaftlichen Entwicklung, der verkehrsmäßigen Anbindung oder des Umwelt- und Landschaftsschutzes spielt die Zusammenarbeit mit Hamburg eine wichtige Rolle. Zunehmend sprengen Probleme, wie zum Beispiel Umwelt- oder Verkehrsfragen, die Enge des Stadtgebietes und verlangen nach einer übergreifenden Lösung. Auch können viele Entwicklungsprobleme in Forschung und Wirtschaft erfolgreich nur gemeinsam und grenzüberschreitend gelöst wer-

den. Beide Partner sind inzwischen von der Notwendigkeit einer verbesserten Zusammenarbeit überzeugt.
Hamburg steckt gegenwärtig in erheblich größeren Schwierigkeiten als Schleswig-Holstein. Es hat mehr Arbeitslose, weniger Wirtschaftswachstum, größere Finanzsorgen und weniger Ausbildungsplätze. Es wäre falsches Konkurrenzdenken, sich hieraus größere Chancen für Schleswig-Holstein auszurechnen. Der enorme Aufwärtstrend in Südholstein nach den Vorbildern der süddeutschen Wachstumsregionen ist dauerhaft nur haltbar, wenn Hamburg wieder intensiver seine stimulierende Metropolfunktion übernimmt. Ein lang anhaltender Abschwung in Hamburg müßte sich in einigen Jahren auch negativ auf sein Umland auswirken.
Die schleswig-holsteinische Wirtschaft wird stärker als in den meisten anderen Bundesländern von der Land- und Ernährungswirtschaft bestimmt. Zur Landwirtschaft, Forstwirtschaft und Fischerei kommen jene Wirtschaftszweige hinzu, die der landwirtschaftlichen Erzeugung vor- beziehungsweise nachgelagert sind. Insgesamt haben hier rd. 20 % aller Erwerbstätigen in Schleswig-Holstein ihren Arbeitsplatz. Die Bedeutung dieses Wirtschaftszweiges für die Wirtschaft, zunehmend für den Dienstleistungsbereich und für den Arbeitsmarkt, steht außer Frage. Sie wird dadurch noch unterstrichen, daß diese Branche überwiegend auf heimische Rohstoffe zurückgreifen kann.
Politik für diesen Bereich kommt der übrigen Wirtschaft zugute, da er der größte Brancheninvestor im Lande ist. Eine vorausschauende Landwirtschaftspolitik sichert Einkommen und Arbeitsplätze in der Land- und Ernährungswirtschaft und stellt dem Verbraucher qualitativ hochwertige und gesundheitlich unbedenkliche Nahrungsmittel zur Verfügung. Überdies sind intakte Lebens- und Wirtschaftsverhältnisse in großen Teilen des Landes nur mit einer funktionsfähigen Landwirtschaft denkbar.
Die Schwierigkeiten liegen dabei auf der Hand. Mehr als die Hälfte der Agrarerzeugnisse unseres Landes wird überregional vermarktet. Schleswig-Holstein steht deshalb in einem immer härter werdenden Konkurrenzkampf zu anderen Regionen innerhalb der Europäischen Gemeinschaft. Konsequent müssen die Ausrichtung der landwirtschaftlichen Betriebe weiterentwickelt, die Leistungsfähigkeit der Ernährungswirtschaft angepaßt, gezielte Strukturprogramme für Getreide, Milch, Obst/Gemüse/Kartoffeln, Saatgut, Baumschulerzeugnisse und Fisch durchgeführt werden. Die Existenzsicherung der landwirtschaftlichen Betriebe muß auch künftig gleichrangig neben der Marktpolitik stehen,

die an Produkten und Nachfrage ausgerichtet ist. Dabei ist eine ständige Anpassung an die jeweiligen Rahmenbedingungen sowie die Berücksichtigung regionaler Gegebenheiten erforderlich, um den Vorteil zu halten und zu sichern, der die Spitzenstellung unserer Landwirtschaft bisher auszeichnet. Schon aus diesem Grund wäre es wirtschafts- und strukturpolitisch falsch, EG-einheitlich etwa maximale Betriebsflächen oder Viehbestandsgrößen festzulegen. Allerdings ist es denkbar, die öffentliche Förderung auf die klein- und mittelbäuerlichen Haupterwerbsbetriebe zu konzentrieren. Die sogenannte soziale Komponente darf allerdings nicht überstrapaziert werden. Stets dann, wenn aus sozialen Gründen Transferzahlungen oder Härteregelungen zur Diskussion stehen, muß streng darauf geachtet werden, ob ein Landwirt andere Einnahmequellen hat. So haben zum Beispiel die kleinen Neben- oder Zuerwerbslandwirte im Süden der Bundesrepublik Deutschland, die ein gutes Einkommen auf sicheren gewerblichen Arbeitsplätzen verdienen, ein höheres Jahreseinkommen als Landwirte in Norddeutschland, die auf größeren Höfen wirtschaften, aber hierauf als einzige Einkommensquelle angewiesen sind.

Der Küstenschutz belastet Schleswig-Holstein in zweifacher Weise. Seit 1972 hat allein das Land für diese Aufgabe $^1/_2$ Milliarde DM aufbringen müssen. Seit Einführung der Gemeinschaftsaufgabe „Agrarstruktur und Küstenschutz" trägt Schleswig-Holstein 30 % der „anerkannten" Küstenschutzmittel. Heute wissen wir, daß der Küstenschutz eine Daueraufgabe ist. Deshalb wäre eine schrittweise Erhöhung des Bundesanteils nicht ungerechtfertigt. Denn Küstenschutz ist als eine Art Grenzsicherung überwiegend eine nationale Aufgabe. Natürlich ist eine solche Forderung nicht leicht durchsetzbar. Deshalb müßte eine zweite Benachteiligung in jedem Fall abgebaut werden: Die Bundesmittel für den Küstenschutz sollten nicht länger teilweise bei der Errechnung der Länderquoten zur Verteilung der Bundesmittel für die Agrarstruktur angerechnet werden. Schleswig-Holstein stellt 9 % der landwirtschaftlichen Nutzfläche des Bundesgebietes, erhält aber weniger als 6 % der Fördermittel. Da diese Mittel überwiegend für die Entwicklung der ländlichen Räume eingesetzt werden, also nicht nur der Landwirtschaft zugute kommen, muß zusätzlich darauf hingewiesen werden, daß die Menschen in diesen Räumen (Gemeinden mit weniger als 1000 Einwohnern) zu 13 % in Schleswig-Holstein leben. Eine Erhöhung der schleswig-holsteinischen Quote belastet den Bund nicht. Die freiwerdenden Landesmittel könnten sinnvoll besonders an der Westküste für Strukturverbesserungen zusätzlich eingesetzt werden.

Die vom wirtschaftlichen Aufschwung erhofften Impulse auf den Arbeitsmarkt blieben in dem gewünschten Umfang noch aus. Allerdings wurde der rasante Anstieg der Arbeitslosigkeit aufgehalten – in Anbetracht der hohen Zunahme in den Jahren 1981 und 1982 schon ein beachtlicher Erfolg. Schleswig-Holstein kann für sich in Anspruch nehmen, zu den arbeitsmarktpolitisch relativ erfolgreichen Bundesländern zu gehören. Hier nahm die Zahl der Beschäftigten wieder früher zu als im Bundesdurchschnitt. Unter den norddeutschen Ländern verzeichnet es die niedrigste Arbeitslosenquote. Dennoch liegt die Arbeitslosenquote in Schleswig-Holstein über dem Bundesdurchschnitt. Dies liegt zu einem großen Teil darin begründet, daß hier aufgrund der abweichenden demographischen Struktur wesentlich mehr Menschen, besonders im jüngeren Alter, einen Arbeitsplatz suchen als sonst im Bundesgebiet. Hinzu kommen regionale branchenbezogene Unterschiede. In den nördlichen und westlichen Landesteilen, in denen die Bauwirtschaft überdurchschnittlich stark vertreten ist, blieb die wirtschaftliche Entwicklung hinter den Erwartungen zurück. Diese Landesteile brauchen maßgeschneiderte Hilfen, um Arbeitsplätze zu sichern. Insgesamt bleibt als vorrangige Aufgabe, durch Unterstützung der Wirtschaft, durch Anregung zu Investitionen und durch Förderung der unternehmerischen Tätigkeiten in unserem Lande die Problematik der Arbeitslosigkeit zu mildern und langfristig zu beseitigen.

Die Entwicklungen auf dem Arbeitsmarkt werden nachhaltiger durch Tarifparteien, weltwirtschaftliche Einflüsse, Bundesregierung und Bundesbank oder Bundesgesetzgeber beeinflußt, als eine Landesregierung sie bewirken könnte. Trotzdem darf diese nicht untätig bleiben. Sie kann zum Beispiel das wirtschaftliche Klima im Lande positiv beeinflussen – eine wesentliche Voraussetzung dafür, daß investiert wird, Betriebsgründungen stattfinden und der wirtschaftliche Strukturwandel fortschreitet. Der strukturelle Wandel, der besonders auf Schiffbau und Bauwirtschaft angesichts der für sie gültigen Rahmendaten zukommt, muß vorangetrieben werden. Dadurch werden Arbeitsplätze verlorengehen, aber an anderer Stelle werden neue und sichere entstehen. Strukturwandel bedeutet natürlich nicht, daß ganze Branchen verschwinden. Wegen der Bedeutung der Meereswirtschaft, der Versorgungssicherheit, der bleibenden Aufgabe des Spezialschiffbaues und der Schiffsreparatur wird es der Staat nie zulassen dürfen, daß es in der Bundesrepublik Deutschland keine Schiffbauindustrie mehr gibt. Besonders die Bauwirtschaft behält ihre Chance, soweit sie flexibel auf neue Märkte in der Wohnumfeldverbesserung, der Stadtsanierung und

Dorferneuerung und im Umweltschutz eingeht. Angesichts leerstehender Mietwohnungen, der Sättigungstendenzen in bestimmten öffentlichen Investitionsbereichen oder rückgängiger Bevölkerungszahlen wird insgesamt ein Kapazitätsabbau unvermeidbar.

Eine ganz besondere Herausforderung für Wirtschaft und Politik bedeutet es, die Jugendlichen mit Ausbildungs- und Arbeitsplätzen zu versorgen. Eine Vielzahl von Maßnahmen wurde zwar eingeleitet, nach wie vor stehen wir aber vor einer sehr schwierigen Aufgabe. Sie wird dadurch erschwert, daß gegenüber einem Bundesdurchschnitt von 10,1 % der Anteil der 15- bis 20jährigen in Schleswig-Holstein mit 13,3 % überdurchschnittlich hoch ist. Entsprechend deutlicher müssen auch künftige Anstrengungen ausfallen.

Die Notwendigkeit einer abgeschlossenen und qualifizierenden beruflichen Ausbildung für die spätere Berufsausbildung wird allseits uneingeschränkt anerkannt. Heute gilt dies verstärkt auch für Mädchen, die der Berufsausbildung für ihre gesamte weitere Lebensplanung große Bedeutung beimessen. Häufig ist der Zugang zu einer Vielzahl von Berufen sowie zur Berufsausbildung für Mädchen jedoch erschwert. Deshalb werden die Betriebe ermutigt, in gewerblich-technischen Berufen noch mehr Mädchen auszubilden. Erhöht wurde der Anteil der Mädchen an berufsvorbereitenden Maßnahmen in Schleswig-Holstein sowie am Angebot der berufsbereitenden Lehrgänge des Jugendaufbauwerkes. Darin und ebenfalls in der stärkeren Heranführung der Mädchen und jungen Frauen an die modernen Technologien liegen zukunftsweisende Aufgaben. Ein weiterer Beitrag zur Verbesserung der Chancen Jugendlicher besteht darin, zusätzliche Ausbildungsgänge für Hochschulberechtigte im dualen System einzurichten.

In Schleswig-Holstein wurde in den letzten Jahren die beste Versorgungsquote für Schulabgänger, die einen beruflichen Ausbildungsplatz suchten, erreicht, obwohl die Zahl der Nachfrager relativ erheblich höher liegt als im übrigen Bundesgebiet. Diese großartige Gemeinschaftsleistung von Wirtschaft und Staat, die übrigens zeigt, daß das Solidargefühl in Schleswig-Holstein stark ausgeprägt ist, muß nun in zusätzlichen Anstrengungen fortgesetzt werden, wenn es gilt, für die starken Jahrgänge Anschlußarbeitsplätze zu finden. Es müssen alle Formen der Zusammenarbeit zwischen der Wirtschaft, dem Landesarbeitsamt und der Landesregierung genutzt werden, um zusätzliche Arbeitsplätze oder Weiterqualifizierungsangebote zu schaffen. Soweit zusätzliche öffentliche Mittel hierfür bereitgestellt werden, sollte sorgfältig darauf

geachtet werden, daß unerwünschte Mitnahmeeffekte soweit wie möglich ausgeschlossen werden.
Die Probleme der jugendlichen Arbeitslosen im eigentlichen Sinne sind damit nicht gelöst. Jüngere, schwer vermittelbare Arbeitslose bis zu 25 Jahren sollen deshalb verstärkt in Arbeitsbeschaffungsmaßnahmen beschäftigt und betreut werden. Die Verstärkung der ABM-Politik stößt allerdings an finanzielle und ordnungspolitische Grenzen. Die Bundesanstalt für Arbeit in Nürnberg hat nicht unbegrenzte Mittel hierfür. Außerdem hat es keinen Sinn, wenn durch ABM-Einrichtungen in derselben Region in vergleichbaren Unternehmen der gewerblichen Wirtschaft eine schiefe Konkurrenzlage aufgrund ihrer ungünstigeren Kostensituation entsteht. Gemeinsame Gespräche und gemeinsame Anstrengungen sind erforderlich, um ihnen richtige Einsatzfelder zu eröffnen. Daneben bleibt das Problem, daß die wirtschaftlich-technische Entwicklung und die Politik der Tarifparteien dazu geführt haben, daß es kaum noch Arbeitsplätze mit keiner oder nur geringer Qualifikation gibt. Deshalb sind ungelernte Arbeitskräfte besonders schwer vermittelbar. Die Tarifparteien müssen sich fragen, ob dies so gewollt ist.
Auch wenn allein von den Zahlen her eine allmählich Entlastung zu erwarten ist, bleiben auf dem Arbeitsmarkt im Interesse der Jugendlichen, der Wirtschaft und der Zukunft unserer Gesellschaft nachhaltige Anstrengungen erforderlich. Gemeinsames Ziel von Politik und Verwaltung, Wirtschaft und Verbänden muß es sein, auch in den kommenden Jahren alles daranzusetzen, der Jugend den Weg in den Beruf zu ebnen.

Bildung und Freizeit

Bildung und Erziehung sind die Grundlagen für die Entwicklung der Persönlichkeit des einzelnen und für Lebens- und Berufschancen insbesondere der jungen Menschen. Eine gute Bildung und Ausbildung bleibt die beste Investition für die Zukunft einer Gemeinschaft. Förderung und Forderung des Schülers sind die sich ergänzenden Prinzipien von Bildung und Erziehung. Dies kann nicht ohne die Bindung an Werte und Normen geschehen. Die Schule muß ein lebensbejahendes Weltbild vermitteln und zu einem realistischen Weltverständnis beitragen.

Leistung und Engagement sind als Tugenden zu begreifen, die auf Erfüllung des eigenen Lebens zielen und die Grundlage einer sozialen Gesellschaftsordnung sind.

Die Schule muß angesichts rascher Veränderungen mehr denn je die Schüler dazu befähigen, sich später selbst das jeweils erforderliche Wissen und Können anzueignen. Dafür ist eine breite Grundbildung erforderlich und müssen die Schüler Kenntnisse als Grundlage und Werkzeug eigener geistiger Leistung erwerben.

Die Bildungs- und Erziehungsziele werden in den Lehrplänen ausgeführt. Angesichts immer neuer Anforderungen müssen sie häufiger als in früheren Zeiten überprüft werden. Lehrpläne müssen dem Lehrer genügend Spielraum lassen, um eigene Schwerpunkte zu setzen, aktuelle Themen einzubringen und Zeit zum Üben und Vertiefen von Unterrichtsstoff nach eigenem Ermessen einzusetzen. Die Freiheit im Beruf verpflichtet den Lehrer, sich seiner Verantwortung gegenüber Schülern, Eltern und Öffentlichkeit bewußt zu bleiben. Nur wenn eine hohe Übereinstimmung zwischen dem von ihm gestellten Lernanspruch und seiner Persönlichkeit besteht, wird er der Vorbildfunktion als Erziehender gerecht.

Jeder Schüler hat einen Anspruch darauf, im Rahmen seiner persönlichen Befähigungen gefordert und gefördert zu werden. Das differenzierte Schulsystem mit seinen verschiedenen Bildungswegen kann Unterschiede am besten berücksichtigen, sich der verschieden veranlagten Schüler annehmen, sie weder über- noch unterfordern.

Das Bildungswesen in der Bundesrepublik Deutschland hat allerdings auch teilweise problematische Entwicklungen genommen. Das gegliederte, aber durchlässige Schulsystem kann dauerhaft nur funktionieren, wenn die Verteilung der Schüler auf Hauptschule, Realschule und Gymnasium ausgewogen ist. Seit Jahren ist jedoch der Trend zu verzeichnen, daß zu viele Schüler auf das Gymnasium überwechseln.

Dieser Trend wird nur schwer mit Appellen wesentlich verändert werden können. Allerdings ist es auch keine Lösung, wenn immer mehr Schüler das Gymnasium wieder verlassen oder immer mehr Abiturienten das Studium abbrechen oder immer mehr Jungakademiker keine ihren Erwartungen entsprechende Beschäftigung finden. Natürlich ist eine bessere Bildung ein Wert an sich, aber sie darf nicht zur Unzufriedenheit oder schlechteren persönlichen Perspektive führen. Es war ein schwerer Fehler der damaligen Bundesregierung, das Ziel vorzugeben, daß jeder zweite Schüler Abitur machen und jeder zweite Abiturient studieren solle. Damit wurde eine bedenkliche und schwer wieder kor-

regierbare Disharmonie in das Verhältnis von Bildungs- und Beschäftigungssystem gebracht.
Dementsprechend werden heute Fragen an das Bildungssystem gestellt, deren überzeugende Beantwortung für eine sinnvolle Weiterentwicklung und Korrektur von ausschlaggebender Bedeutung sind. Solche Fragen lauten: Wie kann eine vernünftige Verteilung der Schüler auf die Schularten erfolgen, ohne daß diesen ihre persönlichen Chancen genommen werden? In welchem Umfange müssen zusätzliche Maßnahmen getroffen und bestehende unterstützt werden, die geeignet sind, die Attraktivität insbesondere der Hauptschule zu steigern? Wie können die Anforderungen an die Realschule so gestaltet werden, daß es nicht nur automatisch zu einer anderen Schülerverteilung kommt, sondern diese Schulart ihr kennzeichnendes Profil behalten kann? Durch welche Maßnahmen kann wieder bundeseinheitlich gewährt werden, daß die mit dem Abitur verbundene allgemeine Hochschulreife der Wirklichkeit entspricht?
In der Tat war der Grundansatz der Oberstufenreform problematisch, Spezialisierung vor Allgemeinbildung zu stellen. In einer Zeit der schnellen Wissensvermehrung ist Spezialwissen für den Beruf zwar immer wichtiger, aber die Hochschulreife muß bedeuten, daß jeder Abiturient das Rüstzeug für ein Hochschulstudium erworben hat. Dies erfordert nun einmal eine breitangelegte Schulbildung mit allen Fähigkeiten, die der Abiturient später im Studium und Beruf benötigt, sich selbst weiterzubilden und weiterzuentwickeln und auch zu spezialisieren.
Neben den Bildungszielen ist es für alle Schulbeteiligten wichtig, wie sich der Schulalltag darstellt und wo sich die nächste Schule der gewählten Schulart befindet. Die Frage der Schulstandorte stellt sich im Zeichen stark rückläufiger Schülerzahlen erneut. In Schleswig-Holstein müssen auch künftig kleine Schulen im ländlichen Raum erhalten bleiben. Insbesondere dadurch wird die Aufgabe der Schule als kultureller Mittelpunkt anerkannt, von dem gemeinschaftsbildende Impulse ausgehen. Gleichzeitig dient dies einer Politik, die den ländlichen Raum stärken will. Ebenfalls bei den Hauptschulen, Realschulen und Gymnasien muß das Standortnetz möglichst vollständig erhalten bleiben, auch wenn zum Beispiel in der Oberstufe des Gymnasiums organisatorische Veränderungen erforderlich sind. Es muß gerade im Zeichen rückläufiger Schülerzahlen alles getan werden, diese Entwicklung für einen verbesserten pädagogischen Schulalltag zu nutzen. Dies ist zwar teuer, aber langfristig billiger, als Schüler durch überlange Schulwege dauernd zu

überlasten oder die Bildungschancen für Schüler aus dünner besiedelten Gegenden deutlich einzuschränken.
Die Schule darf mit dem Auftrag von Bildung und vor allem Erziehung nicht allein gelassen werden. Die Schule darf nicht Erziehungsaufgaben anstelle des Elternhauses übernehmen, sie muß sie mit den Eltern abstimmen und Elternwünsche berücksichtigen. Insbesondere muß sie Wert auf gute Zusammenarbeit mit den Eltern und ihren Vertretungen legen.
Chancengerechtigkeit sichern heißt, daß kein Schüler aus finanziellen oder sozialen Gründen auf einen Bildungsweg verzichten muß, der seiner Befähigung und Begabung entspricht. Als eines der wenigen Länder hat Schleswig-Holstein mit einem eigenen Gesetz über Erziehungsbeihilfen dazu unmittelbar seinen Beitrag geleistet, Chancengerechtigkeit zu sichern. Während Eltern auch künftig an den Schülerbeförderungskosten nicht beteiligt werden sollen, ist eine gewisse Eigenbeteiligung an den Lernmitteln sozial vertretbar und bildungspolitisch sogar erwünscht.
Eine qualifizierte Berufsausbildung ist von entscheidender Bedeutung für spätere Lebenschancen. Das berufliche Schulwesen hat einen ebenso großen Stellenwert wie das allgemeinbildende. Auch die berufliche Bildung muß breit angelegt sein, um neuen Entwicklungen im Berufs- und Arbeitsleben gerecht zu werden. Sie soll berufsvorbereitend und allgemeinbildend sein. Die vielfältigen Bildungsgänge an den beruflichen Schulen müssen deshalb unterschiedlichen Anforderungen genügen: Berufsbefähigung im dualen Ausbildungssystem oder eine erste berufliche Qualifikation oder ein erster Abschnitt der Ausbildung oder Maßnahmen der Weiterbildung.
Berufliche Bildung ist durch die Veränderungen, die in vielen Berufen, zum Beispiel durch den Einsatz der Mikroelektronik, hervorgerufen werden, aber auch durch gesellschaftspolitische Entwicklungen besonders herausgefordert. Lehrpläne und Ausbildungspläne sind dem anzupassen, Schulen müssen mit modernen Technologien ausgestattet werden, die Bildungsinhalte müssen den Wandlungen Rechnung tragen, und die Lehrer sind daraufhin auszubilden. Auf die Schulträger kommt eine große Belastung bei der Ausstattung der Schulen zu. Auch deshalb müssen in Schleswig-Holstein neue Wege der Zusammenarbeit von Schulen untereinander und von Schulen und Wirtschaft beschritten werden.
Universitäten und Hochschulen bleiben Aufgaben von hoher Bedeutung gestellt. Es gilt, die Wissenschaft zu pflegen sowie die freie For-

schung und Lehre aufrechtzuerhalten. Die sprunghaft gestiegene Zahl der Studenten hat naturgemäß dazu geführt, daß Lehre und Ausbildung stärker im Blickwinkel der politischen Betrachtung standen. Das darf kein Dauerzustand sein. Ein wissenschaftlich ausreichender Lehrbetrieb ist nur gesichert, wenn die Forschung als solide Basis und Motor dahinter steht. Außerdem muß jede Universität um ihrer selbst willen, im Interesse der Attraktivität ihres Umfeldes und als Beitrag zu einer international anerkannten deutschen Forschung mit den dafür erforderlichen Möglichkeiten ausgestattet werden.

Um möglichst vielen Studierwilligen eine Chance zu geben, hat Schleswig-Holstein seine Hochschulen grundsätzlich offengehalten. Erhebliche „Überlastmittel" - unter anderem Ausgaben für Sachmittel und zur Verbesserung der räumlichen Situation sowie Erhöhung der Zahl des wissenschaftlichen Personals - tragen dazu bei. Dennoch unterliegen die Hochschulen im Lande einer starken Belastung. Unter diesen Umständen kann die Studienreform nicht als abgeschlossen angesehen werden. Sie soll die Studiengänge straffen und überlange Studienzeiten verringern. Sie muß Entwicklungen außerhalb der Universität, besonders auch im Beschäftigungssystem berücksichtigen. Die Studierenden müssen neben der rein fachlichen Ausbildung die Chance zu umfassender Bildung erhalten und auch zu sozialer Verantwortung bereit sein. Besondere Probleme bereitet die Lage des wissenschaftlichen Nachwuchses an den Hochschulen. Seine Chancen müssen verbessert werden. Über die ausgewiesenen Promotionsstellen müssen qualifizierte Absolventen gefördert werden. Auch für die zweite Phase der Nachwuchsförderung bis zur Habilitation sind Stellen notwendig, damit zukünftige Habilitierte für eine begrenzte Zeit an der eigenen Hochschule verbleiben können. Nach wie vor bleibt aber die Frage offen, welche Zukunftsperspektiven gerade für den wissenschaftlichen Nachwuchs bestehen. Eine größere Durchlässigkeit zwischen universitären und wirtschaftlichen Berufslaufbahnen nach amerikanischem Vorbild ist ein Lösungsansatz.

Auf die Menschen in beruflicher und gesellschaftlicher Tätigkeit kommen große und neue Anforderungen zu. Sie müssen neue Kenntnisse, Fertigkeiten und Fähigkeiten erwerben. Dafür ist es erforderlich, daß sie auch in späteren Phasen ihres Lebens gezielt lernen können, um sich zu behaupten oder weiterzuentwickeln. Erwachsenenbildung und Weiterbildung gewinnen daher immer mehr Bedeutung. Sie sind wichtig für offene Zukunftsgestaltung. Ein vielfältiges und zeitgemäßes Angebot muß aufrechterhalten bleiben.

Der Sport hat in den letzten Jahren einen beachtlichen Aufschwung erlebt. Erhöhtes Gesundheitsbewußtsein sowie das Bedürfnis, sich über und durch den Sport in der Freizeit zu betätigen, haben dazu geführt. Sport hat in unserem Lande eine besondere Bedeutung, Sportpolitik einen hohen Stellenwert. Sie ist begründet in der guten partnerschaftlichen Zusammenarbeit zwischen Landesregierung, Parlament und Landessportverband mit seinen zahlreichen Vereinen und Fachverbänden. Eigenverantwortung und Selbstverpflichtung müssen auch künftig die Sportlandschaft Schleswig-Holsteins bestimmen.
Sport für jeden setzt eine ausreichende Zahl an Sportstätten voraus. Alle Landesteile müssen gleichwertig mit Sportanlagen versorgt werden. Wo der Sport in Natur und Landschaft ausgeübt wird, müssen die Interessen des Sports mit denen des Naturschutzes und der Landschaftspflege aufeinander abgestimmt werden. In jüngster Zeit wurde das Bewußtsein dafür verschärft, daß der Sport auch Umweltfaktor ist. Der Sport muß es sich gefallen lassen, daß er im Hinblick auf Lärmbelästigung oder Raumbeanspruchung auch kritisch gesehen wird. Das Verständnis für den Sporttreibenden, die Rücksicht auf den nicht, im Moment nicht oder eine andere Disziplin bevorzugenden Sportinteressierten müssen verbessert werden. Allerdings dürfen die Sportanlagen nicht in abgelegene Gegenden verbannt werden. Eine Gesellschaft, die den unvermeidlichen Sportlärm nicht mehr ertragen will, wird auch bald auf den Lärm spielender Kinder aggressiv reagieren.
Schleswig-Holstein bietet mit seinen schönen Landschaften, seiner sauberen Luft und den attraktiven Angeboten hervorragende Voraussetzungen als Urlaubs- und Ferienland. Als solches ist es in den zurückliegenden Jahren gleichsam ein Wertbegriff im In- und Ausland geworden. Der hohe Freizeitwert bereichert das Leben für Bewohner und Gäste. Er trägt dazu bei, daß Schleswig-Holstein auch wirtschaftlich interessanter wird. Um den Unterschied zwischen der sommerlichen Saison und dem verdienst- und beschäftigungsarmen Winter auszugleichen, bemühen sich die Erholungsorte, ihr Angebot für das ganze Jahr zu erweitern. Sie müssen darin nachhaltig unterstützt werden. Der Fremdenverkehr ist ein unersetzliches Glied des Dienstleistungsbereichs, in unserem Land, ein maßgeblicher Bestandteil unserer Wirtschaft geworden. Er wird künftig an Bedeutung noch zunehmen. Mehr noch als bisher müssen die Angebote des Fremdenverkehrs mit denen der Naherholung koordiniert werden.
Der im Jahr 1980 unterzeichnete neue Staatsvertrag über den NDR hat die Verpflichtung, sowohl im Hörfunk als auch im Fernsehen getrennte

Landesprogramme in eigener Verantwortung der jeweiligen Landesfunkhäuser auszustrahlen. Sie sollen auch das kulturelle Leben sowie die aktuellen Ereignisse im Land darstellen. Zusätzlich wurden die Voraussetzungen für die Veranstaltung und Verbreitung privater Rundfunkprogramme geschaffen. Landespolitisch und rundfunkpolitisch bedeutsam war daher die Verabschiedung des Landesrundfunkgesetzes durch den Landtag im November 1984. Damit ist ein rechtlicher Rahmen für die künftige Medienlandschaft gegeben, der einer freien und mündigen Gesellschaft entspricht und der das Grundrecht der Rundfunkfreiheit verwirklicht.

Die privaten Rundfunkprogramme werden schon 1986 im Hörfunk auf der Ultrakurzwelle terrestrisch, also für jedermann empfangbar, ausgestrahlt. Über Fernmeldesatelliten werden für Kabelteilnehmer bald weitere Hörfunk- und Fernsehprogramme verbreitet. Der erste deutsche Rundfunksatellit, betriebsbereit Ende 1986, sollte durch eine bundesweite Vereinbarung der Länder mit vier Fernseh- und 16 Hörfunkprogrammen (digitale Technik) genutzt werden, weil der Rundfunksatellit über Kabelanschluß und durch jedermann, der eine zusätzliche (Parabol-)Antenne installiert, bundesweit empfangen werden kann. Nach dem Scheitern der Verhandlungen zeichnen sich regionale Nutzungsverträge ab. So wollen Berlin, Niedersachsen und Schleswig-Holstein – wohl unter Beteiligung Hamburgs – den ihnen anteilig zustehenden Kanal auf dem sogenannten TV-Sat für ein bundesweites privates Programm nutzen.

Eine weitere Entwicklung zeichnet sich ab, wenn die Post weitere terrestrische Frequenzen mit geringer Reichweite technisch freigibt. Dann können diese Frequenzen zusätzlich für – in Schleswig-Holstein – private Fernsehprogramme mit speziellem Landesbezug genutzt werden. Da zusätzliche Fernsehprogramme in der Herstellung teurer sind und mit Werbung finanziert werden, muß man sich darauf einstellen, daß dieses zusätzliche Landesfernsehprogramm, das von jedem in der Reichweite wohnenden Fernsehteilnehmer empfangen werden kann, nur einen Bruchteil der Sendezeit in Anspruch nehmen und durch ein vorhandenes Programm eingerahmt wird. Wenn dieses Rahmenprogramm ein Satellitenprogramm ist, würde dieses schlagartig eine größere Reichweite (Zuschauerzahl) erhalten. Über die Vergabe der Lizenzen für neue private Hörfunk- oder Fernsehprogramme und darüber, was in die Kabelsysteme eingespeist wird, entscheidet in Schleswig-Holstein die Unabhängige Landesanstalt für das Rundfunkwesen (ULR).

Diese Anstalt hat Selbstverwaltungsrecht und unterliegt nur einer staatlichen Rechtsaufsicht. Dadurch wird sichergestellt, daß die weitere Entwicklung der Medienlandschaft in Schleswig-Holstein von den gesellschaftlich bedeutsamen Gruppen des kulturellen, sozialen, wirtschaftlichen, kirchlichen und politischen Lebens maßgeblich bestimmt wird.
Die Medienpolitik muß in der vor uns liegenden Phase sorgsam darauf achten, daß die elektronischen Medien sich nur so entwickeln, wie dies von der Allgemeinheit gewünscht wird. Der Wille der Allgemeinheit äußert sich in Beschlüssen des Landtages oder der ULR und in privaten Entscheidungen vieler Bürger – zum Beispiel ob sie Kabelanschluß wollen oder nicht, eine Parabol-Antenne kaufen oder nicht, überhaupt bestimmte Programme sehen wollen oder nicht. Die Medienpolitik soll den rechtlichen Rahmen dafür abstecken, ohne zu bevormunden oder zu behindern. „Im Zweifel für die Freiheit" sollte als Leitmotiv über jeder rundfunkpolitischen Entscheidung stehen.
Ordnungspolitisch ist ein Zustand erwünscht, in dem neben den Printmedien und den öffentlich-rechtlichen Rundfunkanstalten private Programme eine faire Chance erhalten. Der ideologische Kleinkrieg – ob öffentlich-rechtlich oder privat organisierte Rundfunkversorgung – ist überflüssig. Eine Ergänzung der bisherigen öffentlich-rechtlichen Rundfunklandschaft durch private Veranstalter bereichert durch mehr Vielfalt, Auswahl und Konkurrenz die Chancen der Bürger. Sie stehen oben und nicht eine allein aus dem bisherigen Mangel an Sendefrequenzen zu rechtfertigende, über Zwangsgebühren finanzierte öffentlich-rechtliche Versorgung mit Monopolanspruch.
Das Nebeneinander von öffentlich-rechtlichen und privaten Programmen sorgt besser dafür, daß der Bürger nicht bevormundet wird. Es ist ein Irrtum, daß mehr Programme zu mehr Fernsehkonsum führen. Der Bürger wird nun mehr wählen können. Dadurch erhält ein einzelnes Programm oder eine einzelne Sendung geringere Bedeutung. Und das ist nicht unerwünscht.
Eine weitere wichtige Voraussetzung für erfolgreiche Medienpolitik besteht darin, die Telekommunikation weiter auszubauen. In diesem Bereich ist ausschließlich die Deutsche Bundespost zuständig. Wichtig ist der zügige Ausbau des Breitbandkabelnetzes, da es die einzelnen Haushalte unabhängig von den technischen Übertragungsarten mit allen Programmen versorgen kann. Ebenso müssen die rundfunktechnischen Möglichkeiten zum Empfang neuer Programme ausgeweitet werden.

Von örtlichen Problemen bis zu europäischen Perspektiven

Das politische Leben findet für die meisten Bürger vorwiegend in ihrer unmittelbaren Umgebung statt – in den Gemeindevertretungen und Ratsversammlungen, in den Amtsausschüssen und Kreistagen. Die Idee der kommunalen Selbstverwaltung ist bald zweihundert Jahre alt, aber immer noch aktuell. Nach wie vor sind die Worte des Staatsdenkers Alexis de Tocqueville gültig: In der Gemeinde liegt die Stärke der freien Völker.
In unserer Demokratie fügen sich die kommunalen Vertretungen und Einrichtungen in den staatlichen Gesamtbau ein – wenn auch als rechtlich selbständige Einheiten. Dies wird besonders deutlich am sozialstaatlichen Auftrag des Grundgesetzes. Er gebietet, auf gleichwertige Lebensbedingungen für alle Bürger hinzuwirken. Gleichwertige Lebensbedingungen werden in erster Linie durch die lebensnotwendige öffentliche Daseinsvorsorge geschaffen. Sie fällt in wesentlichen Bereichen in die Zuständigkeit der Kommunen, doch auch Bund und Land können sich diesem Auftrag nicht entziehen. Die unterschiedliche Leistungskraft der Kommunen würde eine ungleichmäßige Versorgung der Bevölkerung herbeiführen; dies wäre nicht verfassungskonform. Hieraus folgt zunächst, daß Bund, Länder und Gemeinden bei praktisch allen wesentlichen Aufgaben zusammenwirken müssen. Es folgt ferner, daß die finanzielle Gesamtsituation des Staates in den Bereichen, die ein Zusammenwirken erfordern, bis auf die kommunalen Haushalte durchschlägt.
Aufgrund der kritischen Haushaltssituation des Landes war eine Neuordnung der Finanzbeziehungen zwischen Land und Kommunen unumgänglich. Deshalb mußte 1984 die kommunale Finanzausgleichsmasse gekürzt werden. Die allgemeinen Zuweisungen blieben jedoch ungekürzt erhalten. Der Finanzlage der kreisfreien Städte wurde besonders Rechnung getragen. Trotzdem ist unbestreitbar, daß sich ihre Finanzsituation dramatisch verschlechtert hat. Bevölkerungswanderungen haben zu Einnahmeverlusten geführt, ohne daß vergleichbare Ausgabeentlastungen damit verbunden waren. Nicht alle Planungen der Kommunen haben diese Entwicklungen berücksichtigt. Es wird unvermeidbar sein, daß bei der nächsten Änderung des kommunalen Finanzausgleichs Umschichtungen zugunsten der kreisfreien Städte

stattfinden, ohne daß jene in dieser Erwartung auf weitere Sparmaßnahmen verzichten dürfen.
Bei der kürzlich durchgeführten Neuordnung der Sozialhilfeträgerschaft ist es gelungen, die Verantwortung sowohl in der Sache als auch in der Finanzierung wieder ortsnah in einer Hand bei den Kommunen zusammenzuführen und die Verwaltung gleichzeitig zu vereinfachen.
Eine andere wichtige Frage in diesem Rahmen ist die Gemeindefinanzreform. Zentraler Diskussionspunkt ist die Gewerbesteuer. Bei der Erörterung verschiedener Reformmodelle sollte bedacht werden: Gegenwärtig sind die Gemeinden besser beraten, wenn sie vorerst mit den bestehenden Einnahmequellen weiterleben und längerfristig versuchen, das Gemeindefinanzsystem zu verbessern. Ohne Gewerbesteuer würde die Ansiedlung von Betrieben vor Ort noch schwieriger werden. Gerade diese Überlegung hat in der jetzigen Zeit, in der allein in Schleswig-Holstein ein Bedarf von etwa 100 000 zusätzlichen Arbeitsplätzen besteht, ein besonderes Gewicht.
Das geltende Kommunalverfassungsrecht gehört zu den Themen, die Gegenstand dauernder Diskussion sind. Die Gesellschaft hat sich in den vergangenen Jahrzehnten nicht nur in ihrer Struktur, sondern auch in ihrer Erwartungshaltung gegenüber dem Staat verändert. Die Bürger haben gelernt, mit den demokratischen Regeln umzugehen und in ih-. rem Rahmen – vor allem im Bereich der kommunalen Gebietskörperschaften – gestaltend mitzuwirken.
Vor diesem Hintergrund ist in den vergangenen Jahren wiederholt die Frage nach einer sogenannten Demokratisierung auch der Kommunalverfassungsgesetze gestellt worden. Hierbei ist an die Erfahrungen mit Bürgerinitiativen zu denken. Sie haben auf staatlicher wie auf kommunaler Ebene häufig zum Problembewußtsein beigetragen, sie haben häufig ihre Berechtigung, doch gibt es manche Bürgerinitiative, die aus rein egozentrischen Motiven heraus entsteht. Verfassungsrechtlich aber gilt, daß sie an dem freien Mandat der gewählten Abgeordneten nichts ändern können und dürfen. Bei aller Öffnung der Willensbildung in den Kreistagen, Stadt- und Gemeindevertretungen muß die abschließende Entscheidung bei den gewählten Vertretungen im Rahmen ihrer freien Meinungsbildung bleiben.
Darüber hinaus ist die Beteiligung der Bürger an der Willensbildung in unserem Lande bereits erheblich ausgeweitet worden: Es ist heute üblich – und auch rechtlich geregelt –, bei allen wesentlichen Planungsvorhaben, die das wirtschaftliche, soziale oder kulturelle Wohl der Einwohner nachhaltig berühren, die Bürger frühzeitig über Grundlagen,

Ziele und Auswirkungen zu unterrichten. Die Öffnung der Ausschüsse für bürgerliche Mitglieder, die Anhörung von betroffenen oder sachkundigen Einwohnern in Kommissionen und die Bildung von Ortsbeiräten ist vielerorts selbstverständlich. Zahlreiche Gemeindevertretungen führen Bürgerfragestunden durch. Nach dem Landschaftspflegegesetz wirken Vertreter der zuständigen wissenschaftlichen Fachrichtungen und sachkundige Bürger in den unabhängigen Beiräten mit.

Andere Entwicklungen in der kommunalen Selbstverwaltung verdienen dagegen kritische Aufmerksamkeit. Vielerorts fehlen Arbeiter, Selbständige und Mittelständler in den Kommunalvertretungen. Zum einen liegt dies daran, daß die Sitzungshäufigkeit enorm zugenommen hat und daß die Sitzungen zu Zeiten durchgeführt werden, in denen viele Arbeitnehmer oder Selbständige aus beruflichen Gründen noch nicht zur Verfügung stehen. Zum anderen ist es die Papierflut, die seit geraumer Zeit auch in kommunalen Vertretungen die Arbeit erschwert. Auch über den großen Umfang neuer Gesetze und Verordnungen wird häufig Klage geführt. Zweifellos schränken solche Entwicklungen die eigentliche Idee der kommunalen Selbstverwaltung ein, nach der jeder die Möglichkeit zur Mitgestaltung haben soll. Sowohl für die Zusammensetzung wie auch für eine bessere Arbeitsweise müssen Wege gefunden werden, damit unsere Kommunalvertretungen diesen bürgerfernen Trend aufhalten und nach Möglichkeit neu beleben können. Hier stehen die örtlichen Parteigliederungen in einer besonderen Verantwortung.

Ein anderer Trend, der beunruhigt, ist die weitere Politisierung der kommunalen Vertretungskörperschaften. Es stellt sich die Frage, ob es richtig ist, zu bestimmten allgemeinpolitischen Themen in zahlreichen Gemeinden oder Kreistagen gleich- oder ähnlich lautende Anträge zu stellen. Kommunale Selbstverwaltung lebt von der ortsgebundenen Eigenart und Kreativität. Wer hier parteipolitischen Gleichklang mit ebenso langwierigen und zweifelhaften Geschäftsordnungsdebatten und unpassenden Themendiskussionen will, schadet dem Selbstverwaltungsgedanken. Die Verfolgung allgemeinpolitischer Ziele sollte den dafür zuständigen Landesverbänden der kommunalen Gebietskörperschaften überlassen bleiben, beziehungsweise sie gehört in den Landtag und Bundestag. In der Demokratie geht alle politische Gewalt vom Volk, das heißt vom Bürger aus. Dieses Recht wird ihm nicht genommen, auch wenn Vertretungskörperschaften oder Behörden für bestimmte Aufgaben zuständig sind.

Ein zentrales kommunalpolitisches Thema ist und bleibt die Bauleitplanung, besonders die Entwicklung der Siedlungstätigkeit. Während auf der einen Seite das Umland der größeren Städte an Attraktivität gewonnen hat, wächst die Gefahr, daß die weiten ländlichen Räume Schleswig-Holsteins entleert werden. Dem drohenden Rückzug aus der Fläche begegnet das zentralörtliche System. Die über das ganze Land verteilten zentralen Orte müssen für ihre Nachbarschaftsräume öffentliche Einrichtungen bereitstellen und bestimmte Entwicklungsaufgaben wahrnehmen. Dieses System kann einer starken Abwanderung freilich nur dann erfolgreich entgegenwirken, wenn gleichzeitig in den verschiedenen Regionen des Landes wirtschaftliche Entwicklung und berufliche Perspektiven gewährleistet werden.
Der Wohnungsbau und seine Entwicklung sind für Städte und Gemeinden von großer Bedeutung. Nach der gegenwärtigen Versorgung und Entwicklung der Bevölkerung ist eine finanzielle Förderung des Baues von Mietwohnungen allerdings nur noch bei städtebaulichen Zielen in Sanierungs- und Entwicklungsgebieten oder bei bestimmten Bedarfslagen, zum Beispiel für Altenwohnungen und Wohnungen für Behinderte, sinnvoll. Anders verhält es sich mit der Förderung von Wohnungseigentum. Hier ist staatliche finanzielle Hilfe aus familien-, gesellschafts- und vermögenspolitischen Gründen weiterhin geboten. Solche Hilfe stärkt die Eigeninitiative; darin liegt ihr besonderer Sinn und ihre Berechtigung.
Auch die Stadterneuerung hat in den letzten Jahren ständig wachsende Bedeutung gewonnen. Wertvolle Einheiten sollen in den Altstadtkernen erhalten, ältere Neubauten modernisiert, das Wohnumfeld verbessert und die Verkehrslage beruhigt werden. Auch für die kommenden Jahre liegen hier noch große Aufgaben, die zwar wesentlich vom Land mitfinanziert werden, aber doch nur in der Regie der Kommunen durchgeführt werden können.
Eindringlich wird Schleswig-Holsteinern und Besuchern unseres Landes die schmerzliche Teilung Deutschlands bewußt: die 136 km lange östliche Grenze unseres Landes ist innerdeutsche Grenze. Historisch, politisch, staatsrechtlich, geistig, kulturell und auch wirtschaftlich ist unser Land von dieser Randlage schwerwiegend getroffen.
Gerade weil eine staatliche Form für die Einheit des deutschen Volkes gegenwärtig nicht besteht und sich eine politische Lösung der offenen deutschen Frage zur Zeit nicht abzeichnet, muß um so mehr das Bewußtsein der inneren Einheit unseres Volkes wachgehalten werden. Es ist dies ein verfassungsrechtlicher und politischer Auftrag, eine geistige

und kulturelle Herausforderung. Manipulationen am Wiedervereinigungsgebot des Grundgesetzes würden die Deutschen in eine schwere Identitätskrise stürzen. Darüber hinaus muß die Zusammenarbeit der beiden deutschen Staaten im Interesse aller Deutschen verbessert werden. Verhandlungen und Gespräche sind notwendig, um – auf der Grundlage der geltenden Abkommen – zu umfassenden, längerfristigen Abmachungen mit der DDR zum Nutzen der Menschen zu gelangen.

Dafür gibt es auch für unser Land viele Möglichkeiten. Ansatzpunkte sind der Natur- und Landschaftsschutz sowie Maßnahmen zugunsten der Landwirtschaft und des Fremdenverkehrs. Das „Landesprogramm zum Schutz der Natur und zur Verbesserung der Struktur an der schleswig-holsteinisch-mecklenburgischen Grenze" ist dafür beispielhaft. Das in dem Programm vorgesehene Gebiet umfaßt etwa 420 km² mit den grenznahen Teilen der Hansestadt Lübeck und 31 Gemeinden des Kreises Herzogtum Lauenburg. Zum Schutz der Natur sollen unter anderem biotopgestaltende Maßnahmen durchgeführt und neue Naturschutzgebiete ausgewiesen werden. Die landschaftsfreundliche extensive Bewirtschaftung der landwirtschaftlichen Flächen wird hier besonders gefördert.

Gezielt müssen die Gespräche mit den zuständigen Behörden in der DDR zur Verwirklichung dieses Programms fortgesetzt werden. Sie gehen davon aus, daß die Einheit des Natur- und Landschaftsraumes durch die innerdeutsche Grenze keinesfalls aufgehoben wird. Ein grenzübergreifender Natur- und Landschaftsschutz bietet sich geradezu an; für ein grenzübergreifendes Naturschutzgebiet wäre der Schaalsee, einer der ökologisch bedeutendsten Seen Europas, durch den die Grenze zur DDR verläuft, in hervorragender Weise geeignet. Andererseits hat die innerdeutsche Grenze zu erheblichen strukturellen und wirtschaftlichen Problemen in den östlichen Teilen der Hansestadt Lübeck und des Kreises Herzogtum Lauenburg geführt. Maßnahmen, die die wirtschaftliche Kraft dieser Region stärken und zu einem Ausgleich ihrer benachteiligten Lage führen können, sind deshalb unerläßlich. Auch diesem Ziel dient das Programm.

Die Europäische Gemeinschaft hat sich bewährt, auch für unser Land und seine Bürger. Dessenungeachtet stellt sich in vielen Bereichen der Zusammenarbeit, der Abstimmung und des praktischen Zusammenwirkens eine Vielzahl von Problemen und Aufgaben. Unser Land will deshalb intensiv an der Gestaltung und Umsetzung europäischer Politik mitwirken. Dazu dienen die Kontakte zur EG-Kommission, zum

Europa-Parlament und zu den Regierungsstellen in Bonn, die sich mit europäischen Angelegenheiten befassen. Dies liegt nicht nur im eigenen Interesse unseres Landes, das unmittelbar durch EG-Beschlüsse, zum Beispiel in den Bereichen der Wirtschaft, der Landwirtschaft oder der Regionalpolitik betroffen ist. Diese Kontakte sind bedeutsam und wichtig auch für die Möglichkeit, Maßnahmen anzuregen, die zu einer wirksamen und nachhaltigen europäischen Politik führen können.
Europäisch ist die Lösung der Minderheitenfrage in Schleswig-Holstein und in Dänemark. Sie ist vorbildlich und hat dazu beigetragen, daß aus dem Gegeneinander im deutsch-dänischen Grenzraum ein Miteinander zweier Kulturen wurde. Dieses Miteinander wird auch in Zukunft nicht frei sein von allen Spannungen, die jedoch das öffentliche Leben nicht beeinträchtigen, sondern die kulturelle und politische Landschaft beleben. Vor diesem Hintergrund wurde die materielle Grundlage für die vielfältigen Einrichtungen der dänischen Minderheit im Lande wesentlich verbessert und das Verständnis der Nachbarschaft und Partnerschaft im Grenzland in europäischer Perspektive gefördert. Nach wie vor bestehen die engen Verbindungen Schleswig-Holsteins zur deutschen Volksgruppe im dänischen Nordschleswig. Auch 65 Jahre nach der endgültigen Grenzziehung führt diese ein weitgefächertes kulturelles und soziales Leben. Diesen Deutschen gilt uneingeschränkt unsere tiefe Verbundenheit.
Schleswig-Holsteins europäische Aufgabe beginnt im schleswigschen Grenzland, an der Nahtstelle zweier benachbarter Völker und Kulturen. Sie führt über gute Verkehrs- und Wirtschaftsbeziehungen und reicht hin zum engen Zusammenwirken beider Staaten in internationalen Gremien. Die grenzüberschreitende Zusammenarbeit erfolgt auf allen Gebieten, in denen das Zusammengehen nützlich und sinnvoll ist. Sie muß pragmatisch angelegt bleiben, braucht kaum grundsätzliche Vereinbarungen und nur selten feste Einrichtungen. Sie ist modellhaft für Europa: Zusammenarbeit über Grenzen hinweg, wo immer möglich und wünschenswert, ist das Leitmotiv für alle Bemühungen im Interesse der Menschen, der Völker und der Staaten.

9 Schleswig-Holstein

Schleswig-Holstein morgen IV

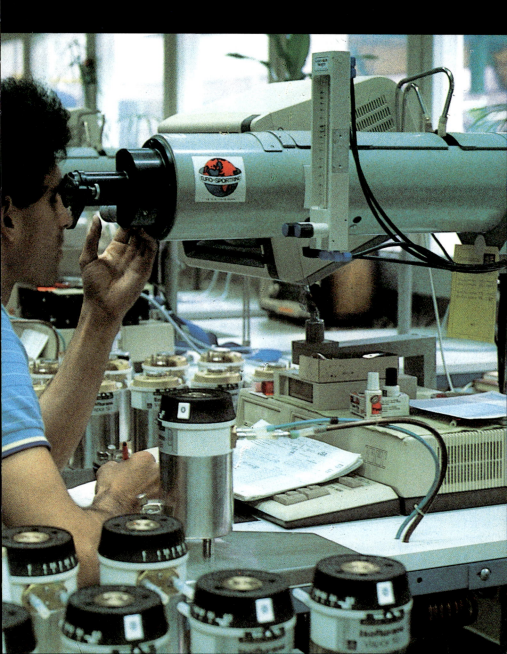

Die Menschen in Schleswig-Holstein, in der Bundesrepublik Deutschland, in Europa stehen vor gewaltigen, überwiegend noch nicht dagewesenen Herausforderungen. Die drastische Abnahme der Einwohnerzahlen, der Wandel in der Wirtschafts- und Arbeitswelt, das Vordringen neuer Technologien und Medien, die veränderten Beziehungen zwischen Mensch, Natur und Umwelt, das europäische und weltweite Zusammenrücken der Völker sowie der Wandel von Normen und Werten liegen diesen Herausforderungen zugrunde. Die eine oder andere künftige Entwicklung zeichnet sich bereits jetzt konkret ab. Manche sind zu vermuten, andere nur zu erahnen. Wie es in Zukunft wirklich werden, welchen Gang die zukünftige Entwicklung der Menschheit einschlagen wird, darüber sind verläßliche Aussagen nicht möglich. Dort, wo Änderungen und Entwicklungen sich bereits jetzt ankündigen, sind schon heute Überlegungen erforderlich, wie ihnen begegnet werden könnte. Nur Ansätze können geschildert werden, denn es gibt – noch – keine eindeutigen Antworten oder gar sichere Lösungen.

Eine vorausschauende Politik muß sich heute bereits auf das Jahr 2000 und die Zeit danach einstellen. Für viele liegt dieser Einschnitt als Schritt ins nächste Jahrtausend gefühlsmäßig noch weit weg. Die Mehrheit der jetzt lebenden Bürger wird noch lange nach 2000 auf menschenwürdige Lebensbedingungen angewiesen sein. Deshalb müssen wir uns klarmachen: Die Jahrtausendwende liegt nur noch gut 13 Jahre weg, ein Zeitraum, der kürzer ist als Adenauers Kanzlerschaft. Deshalb gilt es, heute Entwicklungen zu erkennen, die morgen konkrete politische, wirtschaftliche, soziale oder kulturelle Ausgangsbedingungen sind. Wir müssen den Blick schärfen für diese Perspektiven. Und wir sollten fragen, was sie unter den besonderen Bedingungen Schleswig-Holsteins, seiner natürlichen geographischen Lage, seiner Geschichte und Kultur, für uns bedeuten können. Die neuen Entwicklungen, die wir beeinflussen oder gar mitgestalten, aber nicht abwenden können, bringen – wie in jedem anderen größeren Zeitraum auch – Chancen und Gefahren. Es ist wichtig, daß die Menschen ihnen unbefangen begegnen, denn Angst oder Euphorie verstellten den Blick für das Wünschbare und das Machbare.

Leben in kleineren Gemeinschaften

Es werden in der Bundesrepublik Deutschland zwar immer weniger Kinder geboren, dennoch nimmt – neben Bayern und Baden-Württemberg – die Einwohnerzahl in Schleswig-Holstein aufgrund sogenannter Wanderungsbewegungen der Einwohner (noch) zu. Dies ist ein Hinweis dafür, daß Schleswig-Holstein in den Augen der Gesamtbevölkerung als eines der attraktivsten Bundesländer angesehen wird. So weicht auch der Altersaufbau der schleswig-holsteinischen Bevölkerung deutlich vom Bundesdurchschnitt ab. Die Bevölkerung hier ist erheblich jünger als anderswo. Dies beeinflußt einerseits in überdurchschnittlichem Maße den Arbeitsmarkt und stellt uns vor zusätzliche Probleme. Andererseits wiederum wirkt sich dieser Bevölkerungsaufbau mittelfristig natürlich auch positiv aus, da die Probleme des Bevölkerungsrückganges uns mit einer leichten Zeitverschiebung erreichen. Bereits jetzt allerdings hat eine Entwicklung eingesetzt, in der der erwartete Einwohnerzuzug den Geburtenrückgang nicht mehr ausgleichen kann. Für den Zeitraum bis 2000 wird mit einem Rückgang der Bevölkerung in Schleswig-Holstein um etwa 100 000 Einwohner gerechnet. Auch der altersmäßige Aufbau der Bevölkerung wird sich in diesem Zeitraum deutlich ändern. Die Zahl der Kinder und Jugendlichen wird um 25 % zurückgehen, die Zahl der 30- bis 70jährigen um 35 % zunehmen.
Noch dramatischer fallen die Berechnungen bis zum Jahre 2035 aus. Bleibt es bei derselben Geburtenrate wie bisher, dann wird sich die Bevölkerung auch in unserem Land bis dahin um etwa ein Drittel verringern. Die Überalterung wird ab dem Jahr 2000 schnell zunehmen; während heute auf einen über 60jährigen noch drei Einwohner im erwerbstätigen Alter kommen, wird dieses Verhältnis sich bei 1:1 einpendeln. Die Entwicklung ist nahezu unaufhaltsam. Weder der Rückgang der Einwohner noch die Überalterung sind bald noch beeinflußbar. Da sich die Geburtenhäufigkeit seit 1965 bis heute halbiert hat, wird auch die Müttergeneration schon im Jahre 2015 zahlenmäßig nur noch halb so stark sein wie heute. Selbst wenn sich nach etwa 10 oder 15 Jahren die Zahl der Geburten verdoppeln oder verdreifachen sollte, wären die Folgen der Überalterung der Bevölkerung erst über Generationen allmählich korrigierbar.
Diese Entwicklung stellt die Politik vor schwerste Herausforderungen. Sie wird konfliktreiche Folgen nach sich ziehen. Für viele Fragen kön-

nen wir heute noch nicht einmal theoretisch durchführbare Lösungsansätze entwickeln. Wichtig ist aber, daß alle heute zu treffenden Entscheidungen für die Zukunft im Lichte dieser Entwicklung gesehen werden müssen.

Die Bevölkerungsentwicklung wird sich auch auf die Formen menschlichen Zusammenlebens auswirken. Dies gilt besonders in einer Zeit abnehmender Einwohnerzahlen, in der viele Menschen noch mehr als heute schon auf sich gestellt sind. Die Stellung der Frau, der Jugendlichen, der Älteren, der Generationen untereinander wird neue Antworten verlangen. Dies stellt zunächst ganz persönliche Anforderungen an den einzelnen, an jedes einzelne Familienmitglied. Die Entscheidung für die als richtig empfundene Form des Zusammenlebens, des Miteinanders, der gegenseitigen Unterstützung muß jeder einzelne für sich treffen. Angesichts des kleiner werdenden Personenkreises, in dem er künftig leben wird, verlangt dies für den einzelnen Menschen noch mehr Verantwortung sich selbst und dem anderen gegenüber, noch mehr Vertrauen auf die mitmenschlichen Tugenden. Wir müssen den heute heranwachsenden Menschen so begegnen, daß wir sie nicht in eine Lage drängen, in der sie den Generationenvertrag kündigen. Gesellschaft und Staat werden dazu beitragen müssen, Formen des Zusammenlebens zu unterstützen, die den Mitmenschen und den Nächsten in den Mittelpunkt stellen. Ein Elternteil, der auch künftig auf eigene Erwerbstätigkeit verzichtet, um sich den häuslichen Aufgaben der Kindererziehung zu widmen, braucht künftig noch größere Unterstützung. Dies gilt auch dann, wenn die daraus folgenden Finanzlasten künftig nicht leichter zu finanzieren sein werden. Immer dringlicher stellt sich die Gemeinschaftsaufgabe von Wirtschaft und Politik, für Frauen – aber auch für Männer – mehr Möglichkeiten zu schaffen, Familie und Beruf miteinander zu verbinden. Größere Entscheidungsfreiheiten zwischen beiden Leitbildern sind erforderlich. Auf die Notwendigkeit, das Teilzeitangebot auszuweiten, wurde bereits hingewiesen. Flexibilisierung des Tarif- und gegebenenfalls auch des Arbeitsrechts dienen demselben Ziel. Insgesamt wird die Vereinbarkeit von Familie und Beruf durch den wohl unaufhaltsamen Trend zu kürzerer Arbeitszeit erleichtert.

Zusammen mit der Jugend müssen wir Werte und Maßstäbe für eine gemeinsame Zukunft finden. Sie müssen nicht völlig neu sein, sondern sollten sich aus unseren heutigen Betrachtungsweisen ergeben. Ein abrupter Bruch hilft allenfalls einer Minderheit, irritiert und vereinsamt aber die Mehrheit. Es ist wichtig, daß wir neuen Fragestellungen allein aufgrund der technischen Möglichkeiten nicht ausweichen, sondern ihnen aufgeschlossen mit der Bereitschaft zum Umdenken und Bekräftigen begegnen. Als Kernziele einer Politik für die Zukunft bringen wir in das Gespräch mit der Jugend ein: Friede in Freiheit und sozialer Gerechtigkeit, Geborgenheit und menschliche Wärme, humane Lebensqualität, Hilfsbereitschaft gegenüber dem Nächsten, kulturelle Kreativität, überschaubare Lebensräume sowie Schutz und Pflege der Umwelt.

Die Entwicklung in den Zahlen und im Aufbau der Bevölkerung wird weitreichende Konsequenzen für die Sozialpolitik haben. Sie kann nicht ohne Blick auf die gesamtwirtschaftlichen Zusammenhänge betrieben werden. Die knapper gewordenen finanziellen Mittel müssen im sozialen Bereich deshalb noch kostenbewußter eingesetzt werden. Gleichzeitig aber wird der einzelne Bürger künftig noch stärker gefordert sein, um – wo dieses möglich ist – eigen- und mitverantwortlich auch im sozialen Bereich zu wirken. Diese Bereitschaft entwickelt sich am besten aus vorhandenen überschaubaren Einheiten. Daran ändern auch die neuen Kommunikationstechniken nichts, die schneller als bisher Verbindungen herstellen können. Gerade auf die bewährten Gemeinschaften kommen neue Aufgaben zu, die durch keine Technologie wahrgenommen werden können. Familien, Vereine, Kommunen oder Kirchengemeinden werden auch künftig ihre Werte behalten als Ausdruck menschlicher Wärme und Verbundenheit.

Wo wirkliche Not herrscht oder wo echter Bedarf an staatlicher Hilfe besteht, müssen staatliche Hilfen sogar verstärkt und ausgeweitet werden. Unsozial wäre es allerdings, soziale Hilfe zu geben, wenn diese nicht gebraucht wird, weil die Empfänger sie nicht zur Existenzsicherung benötigen. Die soziale Leistungsfähigkeit des Staates kann nur erhalten oder gesteigert werden, wenn der einzelne zu der ihm möglichen Leistung bereit ist.

Immer unausweichlicher stellt sich die Notwendigkeit, kostensparende Problemlösungen zu finden, weil sie von immer weniger Menschen bezahlt werden müssen. Dies betrifft besonders das Gesundheitswesen mit seiner schon aktuellen, aber noch nicht absehbaren Kostenexplosion bei wohl eher rückläufigen Beitragseinnahmen. In der Gesundheitspolitik werden sich neue Forderungen nach dem, was technisch und medizinisch wünschbar und was gleichzeitig von der Planung und von der Finanzierung her sachgerecht ist, die Waage halten müssen. Leistungsanbieter, Finanzierer und besonders die Versicherten selbst werden einen bald untragbaren Kostendruck nur vermeiden, wenn sie bereit sind, umzudenken. Vorrang hat dabei der Grundsatz: Nicht der Staat gewährleistet die Gesundheit des einzelnen, jeder ist für seine Gesundheit zunächst selbst verantwortlich.

Nicht weniger schwierig wird die Entwicklung der künftigen Altersversicherung sein. Heute sind die Renten sicher; Renten werden – nach den derzeitigen Erkenntnissen – auch künftig ungekürzt gezahlt werden können. Dies ist bei dem Niveau der Renten in der Bundesrepublik Deutschland keine selbstverständliche Feststellung. Die längerfristige Bevölkerungsentwicklung wirft allerdings große Probleme auf. Der Rückgang der Bevölkerung wird das Verhältnis von Beitragszahlern zu Rentenempfängern ungünstig beeinflussen. Der bisher verläßliche Generationenvertrag wird stark belastet werden, wenn jeder Beitragszahler einen Rentner finanzieren muß. Auch wenn der Trend zur Verkürzung der Lebensarbeitszeit später wieder umgekehrt wird, kann dies die zu erwartenden Belastungen für die dann arbeitende Generation nicht aufheben. Die Solidarität der Generationen darf nicht aus dem Gleichgewicht geraten. Alle Beteiligten werden in eine künftige Reform einbezogen werden müssen – die Beitragszahler, die Rentner und die öffentliche Hand. Auch der einzelne wird wohl mehr als bisher noch für seine künftige Versorgung aufwenden müssen.

Die aktuellen Vorschläge, die Renten auf einem Mindestniveau zu gewährleisten, sind gut gemeint, aber wenig durchdacht. Wenn die Rente auf dem Sozialhilfeniveau abgesichert werden soll, verstößt dies gegen den Versicherungsgedanken des Rentensystems. Aus Beitragsmitteln kann dieser Schritt ohnehin nicht dauerhaft finanziert werden. Und in der Form staatlicher Zuschüsse an die Rentenversicherungskassen ist er nichts anderes als eine besondere Form der Sozialhilfe, problematisch aus der Sicht des Bundes nicht nur deshalb, weil hier erhebliche neue Lasten auf ihn zukämen, sondern weil so eine Bevölkerungsgruppe bevorzugt würde. Der Solidaritätsgedanke der Sozialhilfe sollte jeden einzelnen gleich in der Weise schützen, daß er stets mit einem menschenwürdigen Existenzminimum rechnen darf, auch wenn dies durch zu geringe Rentenversicherungsbeiträge nicht erreichbar war.

Die Sozialpolitik ist nur ein, wenn auch ein sehr zentraler Bereich, der von der Bevölkerungsentwicklung betroffen ist. Der dramatische Rückgang der Einwohnerzahl in unserem Lande wird die gesamte öffentliche Daseinsvorsorge vor neue Herausforderungen stellen. Dies gilt für die Verkehrsanbindungen in unserem Lande und mit den Nachbarn. Zukunftsgerichtete Politik bedeutet, ein attraktives Verbundsystem zwischen Straße und Schiene, Wasser- und Luftweg herzustellen sowie Alternativen zu entwickeln. In den dünnbesiedelten Räumen unseres Landes werden sich zweifellos die Aufgaben der Versorgung und der Entsorgung für die Bevölkerung in fast allen Lebensbereichen deutlich verteuern. Noch gezielter wird das Land hier Hilfen einsetzen müssen.

An dieser Stelle sei auf eine vielfach anzutreffende Erwartungshaltung aufmerksam gemacht: Die erheblichen Leistungen des Landes für den Landesteil Schleswig und die Westküste – Programm Nord oder Programm zur gezielten Förderung strukturschwacher Gebiete – sind nicht in der Erwartung aufgelegt worden, damit den oft als Gefälle beschriebenen Ost-West- und Nord-Süd-Unterschied einzuebnen. Dies kann keine Politik leisten. Die Inseln, Halligen, Küstenlinien und Siedlungsstrukturen findet die Politik vor.

Künftig stellt sich noch schärfer der Zwang, Ausgleichsverpflichtungen wahrzunehmen. Ohne staatliche Intervention könnte es sonst zu einer Unbewohnbarkeit großer Räume kommen, mit allen verheerenden Folgen für die Natur- und Kulturlandschaft dort. Die Halligen sind ein besonders einleuchtendes Beispiel hierfür: Ohne staatliche Hilfe wäre das Wirtschaftsleben hier bald zu Ende. Ohne Leben und Arbeit auf den Halligen wären sie schnell ein Opfer des Meeres – ein unersetzlicher Verlust für Natur und Kultur, für die Identität Schleswig-Holsteins.

Die Weiterbildung – eine immer wichtigere Aufgabe – bei mehr Freizeit und schnellerer allgemeiner Entwicklung wird stärker die Kapazitäten, räumlich und personell, der Schulen und der Hochschulen auslasten. Es gilt, die Chancen, die sich mit den rückläufigen Schüler- und Studentenzahlen verbinden, zu nutzen – sowohl für die weitere Verbesserung der Situation an den Bildungseinrichtungen als auch für Aufgaben, die sich aufgrund erweiterter Bildungsansprüche und kultureller Bedürfnisse ergeben.

Noch jedoch stellt sich für das berufsbildende Schulwesen und die Hochschulen eine andere Aufgabe: Zur Zeit drängen nach wie vor geburtenstarke Jahrgänge in Ausbildungs- und Studieneinrichtungen, die überlastet sind. Dennoch müssen bei Bauinvestitionen und in der Personalpolitik schon heute die absehbaren Entwicklungen berücksichtigt werden. Wie schnell solche Entwicklungen gehen, zeigt dieses Beispiel: Vor weniger als fünf Jahren war die Landesregierung erheblicher Kritik ausgesetzt, als sie das Förderungsvolumen für den Mietwohnungsbau verringerte. Zwei Jahre später schon standen Sozialwohnungen leer.

Selbst wenn das Ausmaß des Bevölkerungsrückganges nicht genau abzuschätzen ist – daß in den nächsten Jahrzehnten erheblich weniger Menschen in Schleswig-Holstein wohnen werden, steht fest. Diese Abnahme zu verlangsamen, ist eine wichtige Aufgabe. Eine andere besteht darin, die fast schon unausweichlich erscheinenden Konflikte in der Versorgung, in der Betreuung und in der Unterstützung der Bevölkerung zu vermeiden. Die Sozialpolitik muß soziale Gerechtigkeit in Gesetzgebung, Verwaltung und Rechtsprechung verwirklichen. Sie muß nach wie vor den Menschen als freien, eigenverantwortlichen Bürger im Blick haben.

Politiker sind es gewohnt, in Wahlperioden zu denken. Das ist nicht unanständig. Alles andere wäre weltfremd und auch nicht im Sinne der Demokratie. Aber sie müssen viel stärker noch in längeren Zeiträumen denken und den Mut haben, darüber zu sprechen. Hier liegt ihre Führungsaufgabe. Natürlich ist es für einen Politiker immer besonders unbequem, sich auf Prognosen einzulassen. Wirtschaftliche Entwicklungen, technische Umwälzungen, Wandlungen im Wertebewußtsein lassen sich nur schwer genau voraussagen. Das entbindet sie aber nicht von der Verpflichtung, sich mit den Zukunftsperspektiven, die über Wahlperioden hinausgreifen, auseinanderzusetzen. Die öffentliche Diskussion solcher Vorausschauen ist besonders geeignet, die Antworten auf sich abzeichnende Trends zu beeinflussen. Genau das ist die gestaltende Funktion der Politik.

Arbeit in einer sich wandelnden Wirtschaft

Noch warten viele Menschen auf eine Chance, sich in Arbeit und Beruf bewähren zu können, noch stehen viele junge Menschen in einem Ausbildungs- und Bildungsverhältnis, das ihnen den Eintritt in die Berufswelt eröffnen soll. Beides zusammen bedeutet, daß uns das Problem der Arbeitslosigkeit noch bis in die 90er Jahre hinein beschäftigen wird. Arbeitslosigkeit bleibt nach wie vor die soziale Frage von Gegenwart und absehbarer Zukunft. Arbeiten heißt nach wie vor die Chance haben, sich selbst zu entfalten. Nicht arbeiten können bedeutet, auf ein Stück Lebensglück verzichten zu müssen. Viele Menschen empfinden Arbeit als eine Last, aber welche größere Last es ist, keine Arbeit zu haben, empfinden wohl wirklich nur die Menschen, die Arbeit suchen.

Es ist deshalb mehr als eine Frage der wirtschaftlichen Vernunft, durch die Förderung von Wachstum, durch Investitionen und Innovationen Arbeitslosigkeit zu bekämpfen und gleichzeitig die finanzielle Leistungsfähigkeit des Sozialstaates zu sichern. Zu einer Politik, die Vollbeschäftigung anstrebt, gibt es auch in absehbarer Zeit aus humanitären Gründen keine Alternative. Alle Anstrengungen jetzt und in den nächsten Jahren müssen darauf gerichtet bleiben, den Menschen und insbesondere der jungen Generation mehr und bessere Arbeitsmöglichkeiten einzuräumen. Gleichzeitig dürfen jene, die keinen Arbeitsplatz haben, nicht ohne Lebensperspektive bleiben.
Auch hier muß sich der einzelne zunächst selbst in die Pflicht nehmen lassen. Von ihm wird erwartet, daß er sich um eine gute und solide Ausbildung, um eine fachliche Qualifikation bemüht, die nach wie vor die beste Ausgangslage für die Aufnahme eines Berufes darstellt. Von ihm wird erwartet, daß er – angesichts wechselnder Herausforderungen – auch nach dem Eintritt in ein Arbeitsverhältnis mobil und flexibel auf Wandlungen reagiert. Die Bereitschaft, sich selbst, seine Fähigkeiten und Fertigkeiten einzubringen, sein Können unter Beweis zu stellen und Leistung zu erbringen, ist auch künftig gefragt. Die Zeit der Verweigerung ist glücklicherweise schneller zu Ende gegangen, als viele befürchtet haben. Gerade die jungen Leute haben sehr schnell gespürt, daß ein Leben ohne Leistung, Kreativität, Herausforderung und Fleiß langweilig und unbefriedigend ist.
Gesellschaft und Staat sind aufgefordert, alle Rahmenbedingungen zu schaffen, damit der Arbeitsmarkt positiv beeinflußt wird. Die Einstellungschancen für Arbeitslose sind auszuweiten, bestehende Barrieren für Neueinstellungen zu beseitigen und Vorschriften zu ändern, die die Beschäftigung von Frauen oder von Auszubildenden erschweren. Ein noch beweglicheres Arbeitsrecht kann den Arbeitgeber dazu anregen, zusätzliche Arbeitsplätze bereitzustellen. Positive Impulse müssen dadurch ausgelöst werden, daß Überstunden abgebaut und statt dessen befristete zusätzliche Arbeitsplätze eingerichtet werden. Wo immer dies möglich ist, sollte Teilzeitarbeit verwirklicht werden. Dies kann ebenfalls dazu führen, gegen Ende des Arbeitslebens einen gleitenden Übergang in den Ruhestand oder in den Vorruhestand zu finden. Auch die Möglichkeit des Vorruhestandes kann in einigen Bereichen als wichtiger Impuls dienen.
Die Frage, ob genügend Arbeit für eine arbeits- und leistungswillige Bevölkerung zur Verfügung steht, ist in besonderer Weise eine Frage danach, ob die Wirtschaft floriert. Um das zu erreichen, müssen die

wirtschaftlichen Rahmenbedingungen für die Unternehmer stimmen. Private Investitionen müssen noch weiter zunehmen. Die öffentlichen Haushalte sind weiter in Ordnung zu bringen. Von gesunden öffentlichen Haushalten kann derzeit noch nicht gesprochen werden. Die Kreditaufnahmen bleiben zu hoch. Die Bundesbankgewinne werden immer noch zur Haushaltsfinanzierung verwendet. Die Zinslast wiegt immer schwerer. Von Schuldenabbau kann noch keine Rede sein. Erst die Geschwindigkeit des Verschuldungszuwachses ist deutlich reduziert worden. Die Wirtschaft selbst muß sich geänderten Bedingungen und Anforderungen anpassen, um produktiv und wettbewerbsfähig zu bleiben.

Bereits jetzt ist der Trend zur Dienstleistungsgesellschaft eindeutig. Dennoch – so die Studie eines Wirtschaftsinstituts – geht die Entwicklung zu einer postindustriellen Dienstleistungsgesellschaft nicht über eine Entindustrialisierung, sondern über eine hochindustrialisierte Wirtschaft voran. Wir werden künftig sowohl einen noch stärker ausgeweiteten Dienstleistungsbereich als auch einen noch konzentrierteren Produktionsbereich in der Wirtschaft haben. Darauf muß sich auch die schleswig-holsteinische Wirtschaft einstellen. Sie bringt jedoch eine gute Ausgangslage mit: Einerseits ist der tertiäre Sektor – zum Beispiel über den Fremdenverkehr – in den letzten Jahren verstärkt und stabilisiert worden, andererseits legten Wachstumsbranchen mit Zukunft – zum Beispiel der Maschinenbau, die Chemie oder die Elektrotechnik – deutlich zu. Diese Tendenz muß sich fortsetzen –, für den Ausbildungsbereich, für die einzelnen Regionen im Lande und insbesondere für die Unternehmen selbst bedeutet dies eine Chance, für viele aber auch den Hinweis, daß sie sich umstellen müssen.

Die wirtschaftliche Situation in Schleswig-Holstein braucht eine umfassende Strukturverbesserung. Gezielt müssen Verbesserungsmaßnahmen allen Regionen des Landes zugute kommen. Die Gleichwertigkeit der Lebensverhältnisse in Stadt und Land und vor allem die Verbesserung der wirtschaftlichen Standortbedingungen, besonders in den schwächer entwickelten Landesteilen, bleiben wichtig. In noch stärkerem Maße werden künftig alle Richtlinien und Einzelentscheidungen, die bedeutsam für die Entwicklung der Landesstruktur sind, daraufhin zu überprüfen sein, inwieweit Förderungsmittel noch gezielter eingesetzt werden können. Nicht weniger wichtig bleibt die Förderung und Unterstützung der mittelständischen Unternehmen und der freien Berufe in unserem Land. Die bereits bewährten Förderungsprogramme für den Mittelstand, zur Existenzgründung oder zur Exportberatung

müssen beibehalten werden. Die hier fließenden Steuergelder sind ebenso Subvention wie Sozialhilfe. Bei der prinzipiell richtigen Forderung nach Subventionsabbau muß stark differenziert werden.
Zur Strukturverbesserung in unserem Lande sind gerade im produzierenden Bereich neue Akzente erforderlich. Wachstumsbranchen stehen im Vordergrund. Einige Branchen werden um Korrekturen nicht umhinkönnen. So ist für den Schiffbau in Schleswig-Holstein insbesondere aus weltwirtschaftlichen Gründen ein Kapazitätsabbau unumgänglich. Nur wenn hier eine Umstrukturierung erfolgt, kann der Schiffbau überhaupt noch beibehalten werden. Von Bund und Land muß erwartet werden, daß sie bruchartige Entwicklungen vermeiden helfen. Das Land muß Strukturanpassungen aus wirtschaftlichen Gründen und der vielen persönlichen und familiären Schicksale wegen erleichtern. Allerdings stellt sich gerade beim Schiffbau die Frage, inwieweit die Bundesrepublik Deutschland die Schieflage hinnehmen will, daß wir im Handel zwar die Welthandelsnation Nr. 2, beim Anteil an der internationalen Handelsflotte im Weltvergleich jedoch die Nr. 46 sind. Können wir uns eine solche Situation leisten, kann daraus nicht eine prekäre Situation für unsere Versorgungssicherheit entstehen? Die Frage stellen heißt Antworten für möglich halten, die ordnungspolitisch heiß umstritten sein werden. Aber wo liegt die ordnungspolitische Konsequenz, wenn die Lufthansa aus Gründen der Versorgungssicherheit nicht einmal teilprivatisiert wird, die Schiffahrt und damit auch der Schiffbau ohne Rücksicht auf die Versorgungssicherheit in deutscher Regie verlorenginge?
Eng mit der Bevölkerungsentwicklung ist die Lage in der Bauwirtschaft zu sehen, einem in Schleswig-Holstein überdurchschnittlich wichtigen Brancheninvestor. Hier haben Bauhandwerker, Bauindustrie und Baugewerbe zu Recht große Sorgen. Auch hier werden Kapazitätsanpassungen unvermeidbar sein. Andererseits hat die Bauwirtschaft auch die Chance, sich neue Märkte zu erschließen. Beim erweiterten Denkmalschutz, den modernen Technologien, dem Schutz der Umwelt, in der Stadtsanierung oder der Dorferneuerung liegen neue Chancen. Auch das Baunebengewerbe, dem die aktuelle Krise in dieser Form noch nicht zu schaffen macht, kann hiervon profitieren sowie das Handwerk im allgemeinen.
Vor besonderen Schwierigkeiten stehen auch die Landwirte. Dabei ist die Zielbestimmung der schleswig-holsteinischen Agrarpolitik eindeutig: Rückführung der Überschüsse bei gleichzeitiger Sicherung der bäuerlichen Einkommen. Im Mittelpunkt dieser Politik steht die Existenz-

sicherung gesunder bäuerlicher Betriebe. Diese Ziele dürften weitgehend unumstritten sein. Doch wie werden sie am besten erreicht? Konnten die Landwirte bisher überwiegend durch Steigerung der Erträge sowie durch Anhebung der Erzeugerpreise auf EG-Ebene ihre Einkommen sichern, so ist dieser Weg aufgrund der Überschußproduktion bei wichtigen Produktionsmärkten für absehbare Zeit nicht mehr möglich. Vor diesem Hintergrund gewinnen neue Aufgaben in der Landwirtschaft an Gewicht, die den Landwirten bisher kaum vergütet wurden. Dazu gehören die Pflege von Natur und Umwelt durch Erhaltung der natürlichen Lebensgrundlagen Boden, Luft und Wasser, die Erhaltung und Pflege einer abwechslungsreichen, gesunden Landschaft als Freizeit- und Erholungsraum, die Rohstofflieferung für die Herstellung industrieller Grundprojekte, die Gewährleistung der Bevölkerungsdichte in strukturschwachen Räumen oder die Sicherung von außerlandwirtschaftlichen Arbeitsplätzen in den ländlichen Räumen aufgrund der von den landwirtschaftlichen Betrieben und Haushalten ausgehenden Nachfrage. Auf diese wichtigen Aufgaben und Leistungen der Landwirtschaft für unsere Gesellschaft können und wollen wir nicht verzichten. Sie sind damit Ziele einer neuen Agrarpolitik. Zentraler Ansatzpunkt für die Neuorientierung bleibt die Entwicklung auf den Märkten. Das heißt, wir müssen nach Lösungen suchen, Angebot und Nachfrage wieder ins Gleichgewicht zu bringen bei gleichzeitiger Existenzsicherung.

Trotz aller Marktprobleme müssen sich die landwirtschaftlichen Betriebe weiterentwickeln. Eine aktive Strukturpolitik ist dazu nach wie vor dringend erforderlich. Dabei muß die Förderung der Investitionen weiter auf die Senkung der Produktionskosten, die Verbesserung der Arbeits- und Lebensbedingungen oder die Produktionsumstellung in den Betrieben konzentriert werden. Ebenfalls stellt sich die Frage, ob es nicht sinnvoll wäre, über eine Verringerung des Dünger- und Pflanzenschutzmitteleinsatzes die Überversorgung zu begrenzen. Flächenstillegungen auf freiwilliger Basis dürfen im Bündel von Maßnahmen, um die Überversorgung zu verringern, nicht mehr ausgeschlossen werden. Insgesamt brauchen wir eine Neuorientierung aus sozialen wie aus marktpolitischen Erwägungen. Auch in der Landwirtschaft müssen diese beiden Zielsetzungen im Rahmen der europäischen Agrarpolitik miteinander verknüpft werden.

Kündigen die kurz- bzw. mittelfristigen Entwicklungen bereits jetzt erhebliche Änderungen in der Berufs- und Arbeitswelt an, so gilt dies erst recht für die langfristig zu erwartenden Wandlungen. Der Streit um die

Arbeitslosigkeit darf nicht Züge eines Glaubenskrieges annehmen! Beschäftigungsprogramme wollen die einen, verbesserte angebotsorientierte Rahmenbedingungen die anderen. Bei Lichte betrachtet ist zum Beispiel die Verdreifachung der öffentlichen Städtebaumittel auch eine Art Beschäftigungsprogramm. Überhaupt regen viele angebotsorientierte wirtschafts- und finanzpolitische Maßnahmen auch die Nachfrage an, was sie gewiß nicht als verfehlt erscheinen läßt. Die Wahrheit ist, daß niemand ein Patentrezept hat, den Abbau der Arbeitslosigkeit schnell zu erreichen. Sie hat sich allmählich aufgebaut, um sich 1981 und 1982 rasant zu verdoppeln. Die Tempoentwicklung des Abbaus verläuft genauso: Zunächst bedurfte es einer immensen politischen Kraftanstrengung, die schlimme Entwicklung 1981/82 zu stoppen. Erst jetzt kann mit einem langsamen Abbau gerechnet werden, wobei die Größe der Schritte allmählich zunehmen wird, wenn ein dauerhaftes, stetiges Wirtschaftswachstum gesichert werden kann. Die große Gefahr für den Arbeitsmarkt liegt darin, daß es – ob durch außenwirtschaftliche Einflüsse oder innenpolitische Fehlentwicklungen – zu früh zu einem Konjunktureinbruch kommt, der dann den Abbau der Arbeitslosigkeit nicht nur jäh stoppen würde, sondern – auf hohem Sockel – eine Zunahme mit sich brächte. Die Frage, ob es künftig genügend Arbeit gibt, kann nur bejaht werden, gerade auch mit Blick auf den Fortschritt in der Technik. Ob die Arbeit, die dann sinnvoll geleistet werden könnte, auch geleistet wird, hängt natürlich auch von ihrer Bezahlbarkeit ab. Damit wird die große Verantwortung der Tarifparteien für den Arbeitsmarkt deutlich.

Insgesamt muß die Öffentlichkeit sich stärker daran gewöhnen, die Arbeitsmarktentwicklung auch unter demographischen Gesichtspunkten zu sehen. Obwohl 1985 erstmals wieder ein nennenswerter Beschäftigungszuwachs zu verzeichnen war und für 1986/87 weiter erwartet wird, sinkt die Zahl der Arbeitslosen nur regional. Ein Grund ist auch die starke Zunahme der Nachfrage nach Arbeit, weil inzwischen die starken Jahrgänge auf den Arbeitsmarkt drängen. Das wird in den 80er Jahren so bleiben. In den 90er Jahren wird sich allmählich die Situation als Folge der jetzt schon feststehenden Bevölkerungsentwicklung umkehren. Haben wir heute zuwenig Ausbildungsplätze, so werden wir bald zuwenig Lehrlinge haben. Müssen wir heute die Lebensarbeitszeit verkürzen, um den Arbeitsmarkt zu entlasten, so wird sich etwa in zehn Jahren die umgekehrte Aufgabe stellen, um die Nachfrage nach Arbeitskräften – und Zahlern zur Sozialversicherung! – besser befriedigen zu können.

Wird Arbeit in absehbarer Zeit wieder knapp, werden die ausgebildeten Facharbeiter bald nicht ausreichen, um den Arbeitsbedarf bewältigen zu können. Bereits jetzt steht fest, daß sich der Charakter der Arbeit und der Arbeitsplätze wandeln wird. Die neuen zu erwartenden Technologien werden die Produktion rationalisieren, automatisieren, werden menschliche Arbeitskraft in noch stärkerem Umfange durch Maschinen, computergesteuerte Systeme oder Roboter ersetzen. In neuen, bisher noch nicht erfaßten Bereichen wird zusätzliche Arbeit benötigt werden, „intelligente" Produktionsprozesse werden eine ganz andere Art der Ausbildung erforderlich machen. Berufliche Weiterbildung und Weiterqualifikation, Flexibilität und Mobilität am Arbeitsplatz werden künftig weitaus stärker erforderlich sein. Für den einzelnen wird sich dringlicher denn je die Frage nach sinnvoller Arbeit stellen, nach Arbeit als Lebenserfüllung, auch unter gewandelten Vorzeichen. Die Unternehmen werden noch sensibler als bisher auf technologisch bedingte Veränderungen reagieren und Umstellungen vornehmen müssen, mit denen sie die geradezu revolutionierenden Änderungen auffangen können. Standortvorteile werden eine weniger große Bedeutung gegenüber unternehmerischer Kreativität, Phantasie, Innovationsfähigkeit haben. Hier liegt eine Chance für Schleswig-Holstein.

Bereits jetzt sind Anzeichen dafür erkennbar, daß die Menschen künftig über noch mehr Freizeit verfügen werden. Die Bedeutung der Angebote, der Hobbies, der aktiven Tätigkeit in allen Bereichen der Freizeitgestaltung nimmt zu; die ausgeweitete Medienlandschaft gewinnt einen neuen Stellenwert. Kulturelle Betätigung, soziales Engagement innerhalb der Generationen, Fort- und Weiterbildung sowie Dienst an der Gemeinschaft werden künftig einen immer größeren Raum beanspruchen. Sie müssen als Chance den Menschen in allen Landesteilen offenstehen.

Wir brauchen gerade in der Wirtschaft nicht mehr Staat, sondern mehr Markt. Aber der Staat wird stärker gefordert sein, einen funktionierenden Markt sicherzustellen. Es müssen die persönliche Leistung wieder stärker motiviert, Raum für mehr Beweglichkeit, Eigeninitiative und verstärkte Wettbewerbsfähigkeit gegeben werden. Auf den bisherigen Erfahrungen und Erkenntnissen muß auch die zukünftige Wirtschaftspolitik aufbauen. Bürokratische Reglementierungen, die der Wirtschaft Fesseln anlegen, sind zu verringern. Die hohen Steuern, besonders ertragsunabhängige Lasten, sind ebenso wie ungerechtfertigte Subventionen abzubauen. Innovationsorientierte Aktivitäten in der Wirtschaft

müssen gefördert, Einstellungshemmnisse auf dem Arbeitsmarkt beseitigt werden. Eine Wirtschaftspolitik, die Investitionsbedingungen der Wirtschaft verbessert, ist Politik im Sinne Schleswig-Holsteins.
Durch das Zusammenwirken von Politik, Wirtschaft und Gesellschaft kann noch viel geschehen, um den Menschen in Schleswig-Holstein neue Chancen zu geben, sich in Arbeit und Beruf entfalten zu können. Hier ist Ideenreichtum gefragt. Die Menschen sollen nicht nur irgendeiner Arbeit nachgehen, sondern einen Arbeitsplatz haben, der sie befriedigt und der ihnen ein möglichst großes Maß an Eigenständigkeit beläßt. Arbeit soll nicht eine seelenlose Tätigkeit sein, sondern die Entfaltung der Persönlichkeit mit dem Dienst an der Gemeinschaft verbinden. Wir brauchen selbständige und leistungsstarke Betriebe und Unternehmen, die den Wettbewerb nicht scheuen, aber zwischen notwendig bleibendem Wachstum und sorgsamem Umgang mit der Welt vermitteln können. Das Zukunftsbild des Wirtschaftsbürgers, der in noch stärkerem Maße als bisher „intelligente Arbeit" unter Anwendung modernster Technologien verrichtet, ist mehr als nur eine Vision.

Neue Aussichten durch Technologie und Forschung

Die Arbeits- und Wirtschaftswelt, das Ausbildungswesen und die Forschung werden immer stärker von der raschen Entwicklung der Kommunikations- und Informationstechniken, dem Einsatz der Technik am Arbeitsplatz sowie durch das Vordringen technischer Errungenschaften in fast allen Lebensbereichen herausgefordert. Die modernen Technologien verändern nahezu alle Lebens- und Arbeitsbereiche; die Forschung dringt in immer weitere Felder der Erkenntnis vor.
Vom einzelnen wird erwartet, daß er sich diesem Wandel anpaßt – im privaten Lebensbereich, in der persönlichen Bildung und Ausbildung sowie in der Offenheit gegenüber künftigen Entwicklungen. Der rasante Fortschritt, der künftig eher noch an Tempo zunehmen wird, erleichtert ihm diese Aufgabe keineswegs. Wissen, das heute noch aktuell ist, kann morgen bereits veraltet sein. Mehr denn je wird es auf die Fähigkeit ankommen, weiterlernen, sich umstellen und neu anpassen zu können. Da diese Entwicklung gleichzeitig höhere Anforderungen an die

berufliche Qualifikation stellt, wird die berufsbezogene Aus- und Fortbildung diesen Gegebenheiten Rechnung tragen müssen.
Jungen und Mädchen, Frauen und Männer sind auf die besonderen Anforderungen der modernen Technologien in der Berufs- und Arbeitswelt, in Familie und Gesellschaft besser vorzubereiten. Ihnen ist die Anpassung an die moderne technisch-ökonomische Entwicklung dadurch leichter zu ermöglichen, daß ihnen verstärkt Kenntnisse, Fertigkeiten und Fähigkeiten im Umgang mit den modernen Technologien angeboten werden. Dies ist eine Aufgabe der Bildungseinrichtungen für junge Menschen ebenso wie der Erwachsenenbildung. Wenn ansiedlungswillige Betriebe in Wachstums- und Zukunftsbranchen ihre Arbeitskräfte mitbringen müßten, weil in Schleswig-Holstein kein ausreichendes Angebot für speziell qualifizierte Arbeitskräfte vorhanden ist, werden sie nicht bei uns investieren.
Die Bildungs- und Erziehungsziele müssen so verwirklicht werden, daß besonders die nachwachsende Generation in technischer Aufgeschlossenheit aufwächst, ohne daß sie in eine falsche Technikhörigkeit verfällt. Sie muß die Technik für ihre persönliche Lebensgestaltung nutzen können. Aber sie muß sie so anwenden, daß soziale Bindungen, religiöse Verankerung und kulturelle Aufgeschlossenheit nicht darunter leiden. Die aufkommenden Kommunikationstechniken für Wirtschaft und Privatleben sollen der Erleichterung dienen. Sie können nicht an die Stelle der zwischenmenschlichen Begegnung in der Familie, im Verein, in der örtlichen Gemeinschaft treten. Aber es ist wichtig, daß die junge Generation ebenso selbstverständlich mit dem Computer aufwächst wie frühere mit der elektrischen Energie oder dem Telefon.
Von besonderer Bedeutung ist die technologische Entwicklung für die Wirtschaft. Neue Tätigkeitsmerkmale, neue Produktionsprozesse, neue Arbeitsplätze werden geschaffen und ersetzen andere. Die schleswig-holsteinische, mittelständisch ausgerichtete Wirtschaft ist nur in begrenztem Maße mit den erforderlichen Forschungs- und Entwicklungseinrichtungen ausgestattet. Qualifizierte Arbeitsplätze und Innovationen hängen jedoch eng mit einem gezielten Technologietransfer zusammen. Die Einrichtung von Technologie- oder Gründerzentren – gegenwärtig befinden sich solche Zentren in Oststeinbek, in Flensburg und in Quickborn in der öffentlichen Planung – ist angesichts der Zukunftserwartungen ein Angebot an die innovationsfreudige Wirtschaft, an den Unternehmungsgeist und die Erfinderkraft im Lande. Das Institut für Informationstechnologie Kiel in Zusammenarbeit mit der Universität Kiel oder das Institut für anwendungsnahe Technologieent-

wicklung Wedel in Anlehnung an die dortige private Fachhochschule sind Einrichtungen, die beispielhaft anwendungsnahe Forschung durchführen können. Forschung und private Wirtschaft müssen künftig noch enger bei technischen Problemlösungen oder bei der Entwicklung neuer Produkte zusammenarbeiten. Forschungs- und Entwicklungseinrichtungen sind notwendig, damit neue technische Erkenntnisse und Methoden zum Beispiel auf den Gebieten der praktischen Informatik und physikalischen Technik wirkungsvoll bei neuen Produktionsverfahren angewandt werden können. Der Einsatz neuer und umweltfreundlicher Energietechnologien muß ein deutlicher Betätigungsschwerpunkt werden. Der Ausbau des Forschungszentrums Geesthacht mit dem Schwerpunkt „Umweltforschung, Umwelttechnik, Klimaforschung" weist in diese Richtung. Die Ergebnisse der Grundlagenforschung sollen für Wirtschaft und Verwaltung aufgearbeitet und umgesetzt werden. Anwendungsnah arbeitet und forscht auch die neugegründete private Nordische Universität mit ihren Standorten in Flensburg und in Neumünster.
Von lebensnotwendiger Wichtigkeit für die Zukunft der Bundesrepublik Deutschland bleibt die Erforschung des Meeres, der Küsten, die Entwicklung der Meerestechnik. Hier hat Schleswig-Holstein alle Standortvorteile. Die Gründung eines Instituts für marine Geowissenschaften liegt in wohlverstandenem deutschen Interesse. Geomar soll die Grundlagenforschung in den marinen Geowissenschaften stärken und die Verbindung zur angewandten Forschung sowie zur Wirtschaft herstellen. Die Erforschung und Erschließung der Rohstoffe, die Erforschung der Klimaentwicklung und der Umweltbedingungen sind Ziele, zu denen sich die Menschheit aus Gründen der Selbsterhaltung verpflichtet fühlen muß. Dieses ist jedoch nicht denkbar ohne gründliche Kenntnisse der geologischen Eigenschaften der Meeresböden. Die marinen Geowissenschaften sind für die Nutzung der Meere und der Meeresböden von ähnlich entscheidender Bedeutung wie die Weltraumwissenschaften für die Nutzung des Weltraumes. Da die Bundesrepublik Deutschland bisher kein vergleichbares Institut hat, eine neu zu schaffende Einrichtung jedoch an der Küste angesiedelt werden müßte sowie Zugriff auf Schiffskapazitäten braucht und in enger räumlicher Nachbarschaft zu vielen naturwissenschaftlichen und vor allem zur meeresforschenden Disziplin steht, ist Schleswig-Holstein dafür in hervorragender Weise geeignet.
Schleswig-Holstein ist ohne die Welt des Wassers nicht denkbar. Manche Politiker sehen in ihr nur eine Belastung, weil sie an die enormen

Aufwendungen für den Küstenschutz, die Probleme von Inseln und Halligen oder die Einbrüche in Schiffbau und Schiffahrt denken. In der Geschichte Schleswig-Holsteins haben die Meere und Küsten jedoch immer eine prägende Rolle gespielt. Mit ihnen hat Schleswig-Holstein seine Bedeutung erhalten, mit ihnen eröffnen sich für dieses Land erneut auch gute Aussichten. Bund und Land müssen in gemeinsamer Anstrengung die zukunftsträchtigen Aufgaben in der Meereswirtschaft, -forschung und -technik anpacken. Die Weichen dafür müssen heute gestellt werden. Schleswig-Holstein muß wieder zu seiner historischen Rolle als Schrittmacher für die Nutzung der Meere zurückfinden. Diese Entwicklung kann Schleswig-Holstein für die gesamte Volkswirtschaft nur vorantreiben, wenn der Staat das in unseren Schiffbaubetrieben vorhandene Know-how nicht verlorengehen läßt, sondern weiterentwickeln hilft. Die norddeutschen Werften – jedenfalls einige – sind der Grundstock für eine angemessene Teilhabe der Bundesrepublik Deutschland an der Wachstumsbranche Meereswirtschaft.

Weit revolutionärere Entwicklungen stehen uns in der Bio-Technologie bevor. Völlig neue Dimensionen angewandter Biologie und Chemie erwarten die Menschen. Die Gentechnologie stellt vermutlich die wohl bedeutendste biologische Entwicklung unseres Jahrhunderts dar. Sie hat ein Forschungsfeld von nicht absehbarer Weite eröffnet. Diese Entwicklung hat bedeutende Auswirkungen auf viele Bereiche des menschlichen Lebens. Dies gilt vor allem für das Gesundheitswesen. Neue Therapiemöglichkeiten werden durch die einfachere, schnelle und mengenmäßig ausreichende Herstellung von bestimmten Arzneimitteln durch die Biotechnik eröffnet. Die medizinische Diagnostik kann in bestimmten Fällen beschleunigt und verbessert werden. Die Gentechnologie wird nach den Prognosen der Fachleute auch im Bereich der Krebsforschung zunehmend an Bedeutung gewinnen.

In der Landwirtschaft und in der industriellen Produktion ermöglicht die Gen-Technologie völlig neue Wege. Biotechnik wird künftig verstärkt bei Pflanzenzüchtungen eingesetzt und zur Beantwortung der Frage herangezogen werden, ob es für die sogenannten nachwachsenden Rohstoffe gewerblich-technische Nutzungen gibt. Die Wissenschaft ist heute noch nicht so weit, daß Agrarerzeugnisse unter unseren Bedingungen wirtschaftlich vernünftig für die Herstellung von Treibstoffzusätzen, wie Bioalkohol, eingesetzt werden können. Aber die Forschung muß weitergehen. Es kann nicht hingenommen werden, daß politische und technische Phantasielosigkeit oder einseitig interessierte Lobbys hier Barrieren errichten. Die Nutzung der Früchte des

Bodens für Energie, für gewerbliche und industrielle Produkte ist heute keine utopische Vision mehr, sondern eine Perspektive, der mit aller Entschiedenheit nachgegangen werden muß. Für die Landwirtschaft kann sich hier eines Tages ein völlig neuer Horizont eröffnen, der heute vielleicht noch nicht vorstellbar ist. Schon bald können mittels neuer Biotechniken nachwachsende Rohstoffe unter anderen wirtschaftlichen Bedingungen ökonomisch genutzt werden. Qualitativ andere Produkte könnten so entstehen. Wer allerdings sich nichts anderes vorstellen kann als die heutigen Produkte, die jetzt handhabbaren Verfahren und die aktuellen Rahmenbedingungen der Wirtschaft, ist einem statischen Denken verhaftet, das für die politische Zukunftsgestaltung nicht ausreicht.

Die Entwicklung umweltschonender Technologien dient auch der Erforschung neuer Organismen, die gezielt Problemstoffe in Abwasser und Abluft abbauen könnten. Dazu zählen zum Beispiel Rohöl oder chemischer Sondermüll. Bei der Erschließung und Verarbeitung von Rohstoffen sowie auch der Beseitigung von Abfällen kann die Gen-Technologie ihren Beitrag leisten.

Als Zukunftstechnologie in den kommenden Jahrzehnten hat die Gen- oder auch die Bio-Technologie eine außerordentliche Bedeutung. Mit ihr sind jedoch auch gewaltige Risiken verbunden. Es müssen vor der Anwendung Fragen beantwortet werden, ob durch Experimente Krankheitskeime freigesetzt werden oder ob der industrielle Einsatz von gentechnischen Produktionsweisen die menschliche Gesundheit oder unsere Umwelt schädigen könnte. Der Mensch darf nicht alles, was er kann – die Forschung wird auch künftig kein absoluter Wert sein. Dies zeigt sich besonders in der Humangenetik, wo sich nicht nur im ethischen Bereich, sondern auch unter verfassungsrechtlichen Gesichtspunkten schwierige Fragen auftun, die unmittelbar mit der Menschenwürde im Zusammenhang stehen. Genanalysen und Gentherapien dürfen für die Behandlung von Erbkrankheiten, monogenen Erbleiden, eingesetzt werden. Dann sind sie eine Hoffnung für den Menschen. Extrakorpurale Befruchtung mit heterologer Insemination oder Leihmutterschaften dürften dagegen unseren Kodex der Menschheit verletzen. Die Anwendung der Humangenetik darf nur zum Heilen und Helfen erfolgen.

Gen-Technologie, Bio-Technologie, Gen- und Reproduktionstechniken, aber auch die Laser-Technologie bergen für die Zukunft unermeßliche Chancen. Mit ihnen gehen genauso große Risiken einher. Sie stellen Anforderungen an den einzelnen, nicht nur in der Vorbereitung auf den Umgang mit ihnen, sondern auch in der ethischen und moralischen Einstellung dazu. Sie stellen Anforderungen an den Staat, der auf der einen Seite die neuen Technologien fördern und auf der anderen Seite die erforderlichen Schranken setzen muß um der Wesenhaftigkeit und der Würde des Menschen willen. Die verfassungsmäßig verankerte Freiheit der Forschung muß bleiben. Sie kann Zukunft sichern. Gleichzeitig unterliegen Wissenschaft und Forschung auch einer letzten ethischen Verantwortung, die ihnen Grenzen setzt. Die Forderung nach einer sittlich fundierten Grundbildung in Schulen und Hochschulen hat auch hier eine Begründung, denn wir wollen nicht Forscher, denen jegliches Gefühl und Verständnis für die ethische Einbindung ihres wissenschaftlichen Tuns fehlt.

Parallel zu den neuen Dimensionen, die Forschung und Entwicklung eröffnen, wächst auch der technisch-wissenschaftlich bedingte Umfang des allgemein zugänglichen Informationsangebotes. Für eine große Anzahl unserer Mitbürger sind diese Merkmale staatlicher Zukunftsvorsorge nicht mehr erfaßbar und beurteilbar. Dies birgt Probleme für die Demokratie in sich. Die Vielschichtigkeit der Vorgänge muß für den Bürger durchschaubar, die Verbindung zwischen technischer Entwicklung und politischer Kultur gesichert bleiben. Wir müssen die neuen Technologien im demokratischen Gemeinwesen so beherrschen, daß Grundwerte und menschliche Grundrechte gewährleistet sind. Die Fülle der Informationen, gerade angesichts der Entwicklung der Kommunikations- und Informationstechniken, die Komplexität der Entscheidungsprozesse und deren technisch-wissenschaftlicher Gehalt müssen gewichtet und – unter Beachtung datenschutzrechtlicher Bestimmungen – in ein Gesamtbild der Normen und Werte eingefügt werden. Dieser Fortschritt muß ständig gesinnungsethisch überprüft und verantwortungsethisch in die richtigen Bahnen gelenkt werden. Wissenschaft und Politik müssen hier neue Wege der Zusammenarbeit beschreiten.

Zukunft ohne Natur oder Natur ohne Zukunft?

Immer mehr Menschen wissen oder ahnen, daß die menschliche Zivilisation nicht auf Kosten der Natur ungestraft vorangetrieben werden kann. Aus dieser Sackgasse müssen wir wieder herausfinden. Natur,

Landschaft und Umwelt, die Luft, der Boden, das Wasser dürfen nicht weiter wie bisher belastet werden. Das hat für alle Bereiche der Entsorgung, für die Wechselbeziehung zwischen wirtschaftlichem Wachstum und Gleichgewicht der Natur und für alle Formen der Nutzung unserer Umwelt einschneidende Auswirkungen.
Niemand kann bei diesen Aufgaben abseits stehen. Die Umwelt geht im wahrsten Sinne des Wortes jeden an. Jeder einzelne Bürger ist gefordert, verantwortungsbewußt mit der Natur, mit seiner Umwelt umzugehen. Achtloser Umgang mit den Schätzen der Natur, mit der Landschaft, mit Tieren und Pflanzen, ist achtloser Umgang mit der eigenen Zukunft.

Das Verursacherprinzip wird künftig nicht ausreichen, um Betriebe oder Unternehmen in die Pflicht zu nehmen. Der Schutz von Umwelt und Natur muß vorher einsetzen. Bei allen Produktionsprozessen müssen vorher bohrend die Fragen nach der damit verbundenen Belastung der Natur, insbesondere aber des gezielten Einsatzes unersetzlicher natürlicher Grundstoffe gestellt werden. Die möglichst schadlose Vernichtung von Abfällen oder Müll unserer Industriegesellschaft ist nur ein – wenn auch wichtiger – Schritt. Bei der Zulassung und Verwendung von Industriestoffen muß vorher der Einsatz von Rohstoffen geregelt und festgelegt sein, wie sie beziehungsweise der mit ihrer Nutzung verbundene Abfall ohne Probleme beseitigt werden können. Die modernen Müllverbrennungsanlagen, einst Wegbereiter einer modernen Abfallbeseitigung, haben eines vor allem an den Tag gebracht: die schadlose Beseitigung von Abfall ist nur dann möglich, wenn eine genaue Kenntnis darüber besteht, welche chemischen Reaktionen ausgelöst werden, wenn der Stoff durch Verbrennung beseitigt wird oder mit anderen Stoffen in Berührung kommt. Böse Überraschungen lassen sich hier nur vermeiden, wenn die Umweltforschung auf diesem Gebiet vorangetrieben und die Zulassung von Produkten und Produktion an schärfere Bedingungen geknüpft wird.
Wichtig ist es, Abfälle wieder neu im Produktionsprozeß zu verwenden und neue Techniken zur Wiederverwendung zu entwickeln. Noch wichtiger aber ist es, mit den vorhandenen natürlichen Rohstoffen sparsam umzugehen. Für einige der fossilen Rohstoffe ist bereits jetzt abzusehen, wann sie erschöpft sein werden. Gerade die Wirtschaft ist aufgefordert, mehr Phantasie im Umgang mit diesen unersetzlichen Rohstoffen zu entwickeln, sie weniger zu verschwenden, sie gezielter im Verbrauch und im Angebot einzusetzen.

Es ist ein weitverbreiteter Irrtum, daß wachstumorientierte Wirtschaftspolitik nach den Ordnungsvorstellungen der Marktwirtschaft zu Umweltschäden führen muß. Für die freie, von staatlichen Einflüssen losgelöste Marktwirtschaft mag das zutreffen. Es wurde bereits darauf hingewiesen, daß staatliche Eingriffe für die Funktion des Marktes im Sinne gemeinwohlorientierter Ziele selbstverständlich sind. So selbstverständlich heute nach dem Stabilitätsgesetz Vollbeschäftigung, Preisstabilität, Wachstum und Gleichgewicht anzustreben sind, so sollte auch nach Wegen gesucht werden, durch die Erweiterung dieses sogenannten magischen Vierecks zu einem ökologischen Wirtschaftsfünfeck zu gelangen. Wenn, auf welchem Wege auch immer, die Rahmenbedingungen so verändert werden, daß Umweltschutz ein eigener ökonomischer Wert wird, dann wird sich die Wirtschaft umstellen. Die wissenschaftliche und ökonomische Phantasie, Wachstum in gewünschter Qualität bei Beachtung der Naturgesetze zu erzielen, ist noch lange nicht ausgeschöpft.

Die Rahmenbedingungen müssen verbessert werden, um Forschung und Entwicklung bei der alternativen Rohstoffgewinnung, Erschließung, Wiederverwendung zu fördern. Die vorhandenen und sich bereits abzeichnenden Technologien müssen hier verstärkt eingesetzt werden. Die Bio- oder Gen-Technologie setzt hier neue Maßstäbe. Eine preiswerte, sichere und ausreichende, aber auch umweltverträgliche Energieversorgung ist unverzichtbar. Wiederverwendbare Energiequellen müssen stärker für die Energieversorgung nutzbar gemacht, marktgerechte Programme zur Energieeinsparung in Bund und Ländern umgesetzt und der vernünftige Einsatz von Kernenergie bei ausdrücklicher Gewährleistung der Entsorgung und der Sicherheit ermöglicht werden. Auf die Bedeutung der Erforschung des Einsatzes nachwachsender Rohstoffe oder natürlicher Energieträger wurde bereits aufmerksam gemacht.

Für Schleswig-Holstein hat der Meeresumweltschutz eine besondere Dringlichkeit. Unser Ziel muß es bleiben, die Abfallbeseitigung auf See endgültig zu verhindern. Aufgrund der Wind- und Strömungsverhältnisse ist die Deutsche Bucht, sind die Küstenregionen Schleswig-Holsteins durch die Meeresverschmutzung akut gefährdet. Ohne schnelle Hilfe werden wir bald keine Früchte des Meeres aus der Nordsee mehr genießen können, wird das einzigartige Naturschauspiel im Wattenmeer bald ein Trauerspiel sein. Der Schaden wäre gewaltig, nicht nur für die Fische, die Feriengäste, die heimische Wirtschaft. Durch die Meeresverschmutzung wird ein wichtiger Teil der Wesenhaftigkeit

Schleswig-Holsteins gefährdet. Die Anrainerstaaten müssen sich auf ein Sofortprogramm zur Rettung der Nordsee verständigen. Hier muß sich europäische Solidarität beweisen. Es ist eine Schande, daß demgegenüber der Schutz der Ostsee mit dem Helsinki-Abkommen eine bessere – wenn auch noch nicht ausreichende – Grundlage erhalten hat, und zwar durch ein Zusammenwirken von Staaten der EG, des Ostblocks und neutraler Länder. Mindestens das muß unter EG-Mitgliedern für die Nordsee erreichbar sein. Die Vorschläge dazu liegen lange vor. Jetzt kommt es auf den politischen Willen zur Umsetzung an.
Ein für Schleswig-Holstein zentraler Wirtschaftsbereich, die Landwirtschaft, wird künftig noch stärker in umweltpolitische Überlegungen einbezogen werden. In der Landwirtschaft laufen wirtschaftliche und ökologische Zielsetzungen im Ergebnis parallel, da die Erhaltung der natürlichen Produktionsgrundlagen, die Bodenfruchtbarkeit oder die Tiergesundheit sowohl umweltpolitisch als auch ökonomisch langfristig unverzichtbar sind. Eine Landwirtschaft, die aber einen längeren Zeitraum die Natur überbelastet, entzieht sich ihrer eigenen Grundlage.
Eine neue Perspektive, ökonomisches Denken mit umweltpolitischen Forderungen zu verbinden, bietet sich angesichts der Überversorgung mit landwirtschaftlichen Produkten europaweit geradezu an. Eine extensivere Bewirtschaftung unserer Kulturflächen ist angezeigt. Das senkt die Überproduktion und schont die Natur. Aber einfaches Liegenlassen der Flächen wäre keine Lösung. Aus Gründen des Naturschutzes und der Landschaftspflege ist eine Bewirtschaftung der Flächen erforderlich. Auf tiefer gelegenen Grünlandflächen beispielsweise mit hohem Grundwasserstand ist eine Pflege der Flächen durch Mahd oder Beweidung erforderlich, weil es hier sonst sehr schnell zur Bildung von Bruchwäldern käme, die den Wiesenvögeln ihren Lebensraum nähmen. Dasselbe gilt für unsere Halligen, würde das Grünland dort nicht mehr gemäht, ebenso für Ackerflächen, die aus der Produktion genommen würden. Es wäre zu überlegen, Landwirte als Lohnunternehmer für die Flächenpflege in Hochmooren und anderen Naturschutzgebieten sowie im Rahmen der Biotoppflege einzusetzen. Ebenfalls werden wir überlegen müssen, in der Landwirtschaft Pflanzen anzubauen, die als Rohstoffe im technischen oder pharmazeutischen Bereich verwertet werden können.
Viele der hier angedeuteten Probleme zeigen auf, daß Umweltpolitik erfolgreich auf gar keinen Fall nur regional oder auch national durchgesetzt werden kann. Wir brauchen eine stärkere europäische Zusam-

menarbeit im Sinne grenzüberschreitender Maßnahmen. Wir brauchen einheitliche Gebote zur Reinhaltung der Luft, einheitliche Werte bei der Einleitung in die Gewässer, einheitliches Vorgehen in der Landwirtschaft, einheitliche Maßnahmen bei der Abfallbeseitigung oder bei der Sauberhaltung der Gewässer. Dabei darf nicht der untere, dabei sollte der obere Wert Richtschnur für einheitliches Vorgehen bilden.

Auf das bereits erwähnte „Programm zum Schutz der Natur und zur Verbesserung der Struktur an der schleswig-holsteinisch-mecklenburgischen Grenze" muß hier noch einmal eingegangen werden: Es sieht vor, daß aus der Not der deutschen Teilung eine Tugend im Sinne des Schutzes der Natur gemacht wird. Die Teilung hat eine für die Nation und die Menschen unbarmherzige Ruhe an der innerdeutschen Grenze gebracht, die Entwicklung in der Pflanzenwelt zuließ und vielen bedrohten Tierarten Rückzugsgebiete erhalten hat. Das gilt grundsätzlich für die Region auf beiden Seiten der Grenze, die ökologisch ohnehin eine Einheit bildet. Deshalb enthält das Programm das Angebot an die DDR, hier zu einem grenzüberschreitenden Naturschutz zu gelangen. Er kann mit Informationsaustausch beginnen, zu einer Abstimmung von Naturschutzmaßnahmen führen und optimalerweise in die Ausweisung grenzüberschreitender Naturschutzgebiete einmünden.
Am Beispiel des Schaalsees kann dieser Gedanke besonders gut verwirklicht werden. Der See ist – auch wegen seiner Tiefe von über 70 m – ökologisch mit seiner Flora und Fauna einmalig. Er wird durch zunehmenden Nährstoffreichtum gefährdet. Die vorgesehenen Maßnahmen – bis hin zur Ausweisung als Naturschutzgebiet – können nur zu einem vollen Erfolg führen, wenn die DDR dieselben oder vergleichbare Maßnahmen ergreift, weil die Grenze mitten durch den Schaalsee verläuft. Gespräche mit der DDR Ende 1985 haben zu dem Ergebnis geführt, daß aus ihrer Sicht dieser Gedanke für die Zeit nach Abschluß des deutsch-deutschen Umweltabkommens erwägenswert ist.
Umweltschutz ist eine Aufgabe, die nur mit Beharrlichkeit, mit Geduld und auch mit Stehvermögen und Durchsetzungswillen verwirklicht werden kann. Sie erfordert viel Geld und auch vom Bürger finanzielle Opfer. Bürger und Wirtschaft brauchen verläßliche und weitsichtige umweltpolitische Rahmendaten. Diese lassen sich leichter erreichen, wenn nicht nur mit Auflagen, Geboten und Verboten gearbeitet wird. Durch marktwirtschaftliche Ergänzungen muß es möglich sein, aus eigenem Antrieb mehr für den Umweltschutz zu tun. Erfolgreiche Umweltpolitik ist darauf angewiesen, daß Politik, Wirtschaft und jeder ein-

zelne Bürger vernünftig zusammenwirken. Natürlich wird das nicht ohne Reibungen möglich sein, da die Interessen, die in diesen Prozeß eingebracht werden, zu verschieden sind. Hier fällt der Politik eine verantwortungsvolle Führungsaufgabe zu. Der Ausbau unserer Wirtschaft muß sich den Möglichkeiten der Natur anpassen. Zwischen Ökologie und Ökonomie besteht ein dauerhaftes Spannungsverhältnis. Aber sie sind keine unüberbrückbaren Gegensätze. Sie sind zwei tragende Elemente unserer menschlichen Existenz. Von der Art und Weise, wie wir das Spannungsverhältnis zwischen den natürlichen Lebensgrundlagen und einer gesunden Volkswirtschaft in jedem Einzelfall lösen, werden unsere Zukunft und die Zukunftschancen unserer Jugend abhängen. In unserem demokratischen und sozial verpflichteten Gemeinwesen dürfen wir den Problemen von Gegenwart und Zukunft nicht durch ein Entweder-oder-Denken begegnen, sondern indem wir Menschen, Natur und Kultur als eine Einheit sehen.

Politik auf europäischer und internationaler Ebene

Die Länder in Europa werden näher zusammenrücken. Dies gilt zunächst für die zwölf Mitglieder der Europäischen Gemeinschaft; in ihrem Sog werden sich vielleicht noch weitere europäische Staaten anschließen. Das wäre aus schleswig-holsteinischer Sicht für Norwegen besonders wünschenswert, wenn auch die dortige Innenpolitik gegenwärtig eine solche Entwicklung nicht zuläßt. Die bestehenden gemeinsamen europäischen Einrichtungen werden an Bedeutung gewinnen; noch mehr Entscheidungen als bisher werden künftig auf europäischer Ebene getroffen werden. Um so wichtiger ist es, daß diese Institutionen einer Kontrolle unterworfen werden, die den Grundsätzen der parlamentarischen Demokratie entspricht.
In der Wirtschaft stellt der größere europäische Markt Hersteller und Verbraucher, Unternehmer und Arbeitnehmer vor neue Herausforderungen. Dieser Markt erfordert ein vielfältiges Angebot auf hohem technologisch-wissenschaftlichem Niveau. Ständige strukturelle und technologische Anpassungen sind unvermeidlich, um auf diesem europäischen Markt wettbewerbs- und konkurrenzfähig zu bleiben. Für die

schleswig-holsteinische Wirtschaft gilt es, ihre vorhandenen Standortvorteile zu nutzen und die Akzente dort zu setzen, wo das Land – zum Beispiel im Bereich der Meeres- und Küstenforschung oder im Umwelt- und Agrarsektor – Besonderes bieten kann. Obwohl der Export schleswig-holsteinischer Güter und Dienstleistungen erfreulich stark angestiegen ist, bleibt die Exportquote immer noch unbefriedigend. Bisher hat eine mittelständisch geprägte Wirtschaft ihre besonderen Schwierigkeiten, den Export zu verstärken. Die Wettbewerbsfähigkeit der schleswig-holsteinischen Betriebe macht hier jedoch erhebliche Anstrengungen unumgänglich. Die von der Landesregierung geförderten Beratungsstellen haben ihre Aufgabe noch lange nicht erfüllt. Andererseits kann die Entwicklung neuer Produkte, neuer Verfahrensweisen und umweltschonender Prozesse häufig unabhängiger von aktuellen Standortnachteilen vorangetrieben werden. Durch Einsatz der neuen Technologien wird die Marktferne an Bedeutung verlieren und kann – auch in kultureller Hinsicht – ein Lebensraum noch attraktiver werden.

Die nationalen Volkswirtschaften werden künftig weniger denn je losgelöst vom europäischen Verbund arbeiten können. Das Ziel einer europäischen Wirtschaftsunion rückt so in greifbare Nähe. An eine Währungsunion kann aber erst gedacht werden, wenn die Angleichung der nationalen Wirtschafts-, Finanz- und Geldpolitiken gesichert ist.

In vielen anderen Bereichen sind jetzt bereits die Weichen für engere europäische Zusammenarbeit gestellt. Dies gilt für die Sozialpolitik ebenso wie für die Regionalpolitik, für die Forschungs- und Technologiepolitik ebenso wie für die Europäische Politische Zusammenarbeit, so daß auch in Sicherheits- und Verteidigungsfragen die europäischen Staaten enger zusammenarbeiten werden.

Diese Entwicklung enthält große Chancen für Europa, ohne daß die damit verbundenen Schwierigkeiten übersehen werden könnten. Noch stärker als bisher ist die Bereitschaft zur Anpassung gefragt und auch dazu, kurz- und mittelfristig Opfer zu bringen. Dies gilt für den Staatsbürger in seiner Lebensgestaltung und für die Mitgliedsstaaten der Gemeinschaft. Zur europäischen Integration gibt es keine Alternative. Langfristig kann nur ein enger zusammenwirkendes Europa sich behaupten, Lebensqualität der Bürger in Europa sichern, die Werte eines europäischen Menschenbildes gewährleisten und seinen Beitrag für eine friedliche Entwicklung auf der Welt leisten. Die friedensstiftende Bedeutung der EG für den alten Kontinent ist heute für viele kaum noch erwähnenswert. Aber sie sollte angesichts gerade der leidvollen

Geschichte der europäischen Nationalstaaten besonders für die junge Generation, die im Zeitalter der Europäischen Gemeinschaft heranwächst, stets betont werden. Die wirtschaftliche Konkurrenz mit den Vereinigten Staaten, Japan und den Staaten des Warschauer Paktes können wir nicht ohne eine europäische Arbeitsteilung durchstehen. Das sollte sich jeder klarmachen, der – sicher berechtigt – Kritik am Eurobürokratismus übt, an der Schwerfälligkeit der europäischen Institutionen und an unverständlichen Sachentscheidungen, die nach dem Beitritt Spaniens und Portugals noch mehr Züge des Kompromisses tragen werden.

Eine besondere Aufgabe kommt auch auf Schleswig-Holstein zu, das traditionell und regional über eine Verbindungsfunktion zwischen Mittel- und Nordeuropa, zwischen West- und Osteuropa verfügt. Die darin liegenden Chancen werden künftig für das Land und seine Bürger noch größer werden.

Die Betonung regionaler Besonderheiten widerspricht nicht der Notwendigkeit, daß die Staaten zu einem größeren Europa enger zusammenwachsen. Der Stolz auf die eigene Lebensweise, Sprache und Kultur widerspricht nicht der Entwicklung einer Zusammengehörigkeit mit europäischer Dimension. Wenn sich de Gaulles Europa der Vaterländer in den europäischen Bundesstaat weiterentwickelt, dann muß Europa nicht nach amerikanischem Vorbild ein großer Schmelztiegel werden. Natürlich wird sich vieles verschmelzen, aber die gewachsenen historisch-kulturellen Strukturen haben nicht als Relikt der Vergangenheit, sondern als Grundlage für menschenwürdiges Leben eine nach wie vor große Aufgabe. Immer mehr Menschen in Europa betonen ihre regionale Besonderheit. Dabei gibt es gefährliche Übersteigerungen wie im Baskenland oder auch in der Auseinandersetzung zwischen Flamen und Wallonen. Aber die Entwicklung in Spanien hin zu autonomen Regionen, das starke Selbstbewußtsein der italienischen Provinzen, die ungebrochene walisische und schottische Geisteshaltung sind einige Beispiele, daß nicht nur bei uns eine positive Hinwendung zum gewachsenen, eigenständigen und überschaubaren Kulturraum stattfindet. In der Bundesrepublik Deutschland hat Schleswig-Holstein – zusammen mit Bayern – die besten Chancen, sich als besondere europäische Region in historisch-kultureller und wirtschaftlich-politischer Hinsicht in dem fortschreitenden Einigungsprozeß einzubringen. Die Vertiefung eines Schleswig-Holstein-Bewußtseins erfährt hierin eine besondere Berechtigung, weil der europäische Aspekt es davor bewahrt, in geistige Enge und Erstarrung einzumünden.

Schleswig-Holstein und Dänemark haben bewiesen, wie benachbarte Kulturen einander bereichern und anregen können. Sie haben in ihrer Politik gegenüber den Minderheiten im eigenen Staat beispielhaft Wege zum gegenseitigen Verstehen, zur Achtung und Respektierung des anderen aufgezeigt. Dieser hier wiederholte Hinweis soll verdeutlichen, daß die Hinwendung zur eigenen Geschichte einer offenen Politik nicht im Wege steht, sondern sie sogar bedingt, wenn nicht Gedankenlosigkeit zu unerwünschten Einebnungen oder Verschmelzungen führen soll.

Ohne klare Konturen sind die Wege, wie die Teilung Europas aufgehoben werden könnte. Es wäre unhistorisch, daraus den Schluß zu ziehen, daß diese Teilung ewig fortdauert. 40 Jahre sind nur ein kurzer Atemzug der Geschichte. Gerade wir Schleswig-Holsteiner wissen, wie lang der Weg war, bis die Einheit des Landes erreicht wurde. Eine engere Zusammenarbeit zwischen den Staaten in Ost und West bleibt deshalb wichtig, ohne daß grundlegende Positionen eines freiheitlichen europäischen Menschenbildes aufgegeben werden dürfen. Auf diesem Wege wird es auch künftig möglich sein, Härten zu mildern, die mit der deutschen Teilung einhergehen. Aus heutiger Sicht kann nur unter dem Dach eines wiedervereinigten Europas das ganze deutsche Volk das Recht zur freiheitlichen Selbstbestimmung zurückerhalten.

Auch weltweit sind die Staaten der Erde näher zusammengerückt. Nicht nur die erweiterten Informations- und Kommunikationsnetze haben dies bewirkt, auch ähnliche Fragestellungen der modernen Zivilisation haben dazu beigetragen. Problembereiche wie der Umweltschutz, die Lage der Menschen in Ballungsgebieten oder die Versorgung mit Rohstoffen enthalten nicht nur Fragen von europäischem, sondern von weltweitem Zuschnitt.

Im Bereich der Wirtschaft gewinnt der pazifische Raum an Bedeutung. Die Dominanz des europäischen Denkens in der amerikanischen Politik wird künftig immer weniger selbstverständlich sein. Die Rolle Japans in der Welt, die Öffnung Chinas gegenüber der Welt wie auch die enormen Bevölkerungsverschiebungen überhaupt werden auch die Sowjetunion veranlassen, sich noch stärker pazifisch zu orientieren und zu engagieren. Dieser Herausforderung muß die europäische Wirtschaft begegnen, wenn sie in ihrer Bedeutung nicht zurückfallen will. Verstärkt müssen Märkte und Geschäftspartner in diesem Teil der Welt gefunden und globale wirtschaftliche Strategien unterstützt werden. Der Technologietransfer wird eine immer größere Rolle spielen. Als Kontinent mit nur sehr beschränkten Rohstoffvorkommen kann Europa hier sein Human-, Forschungs- und Innovationskapital einbringen. Die europäischen Staaten müssen dieses Kapital nutzen, um weiterhin attraktive Partner für die anderen Kontinente zu sein. Der Hunger auf der Welt wird angesichts der Bevölkerungsentwicklungen dort eher noch drängender werden. Aus humanitären Gründen sollten die europäischen Länder soviel Nahrungsmittel wie erforderlich den Entwicklungsländern zur Verfügung stellen. Dazu kann auch das „Food for work"-Programm beitragen, das den Menschen dort anstelle von Geld Nahrungsmittel als Entlohnung für Aufbauarbeit gewährt. Die Betonung muß jedoch künftig auch hier auf der Aufbauarbeit im eigenen Land, das heißt bei der Hilfe zur Selbsthilfe liegen.

Die Menschenrechtsfrage wird weltweit an Bedeutung gewinnen. In den Wettbewerb der Ideen und Ideologien kann Europa ein Menschenbild auf christlicher und humanistischer Grundlage einbringen. Die damit verbundene freiheitliche und demokratische, soziale und rechtsstaatliche Ordnung bietet eine besonders anspruchsvolle Lösung für zwischenmenschliches und staatliches Dasein. Wo immer andere Staaten auf der Welt einen solchen Weg gehen wollen, sollten die Europäer sie darin unterstützen. Ebenso sollten sie jene Gesellschaften respektieren, die einen anderen Weg für richtig halten. Allerdings muß für die internationale Politik der Achtung die Menschenrechte oberstes Gebot bleiben; hier darf es keine grundlegenden Zugeständnisse geben. Diese Linie befreit von der engen Betrachtung der Welt durch die Brille der westeuropäischen Demokratien. Sie sind aufgrund unserer Geschichte das von uns für richtig gehaltene Programm für menschenwürdiges Zusammenleben. Ob völlig andere Kulturkreise sich einmal dort entwickeln, kann niemand vorhersagen. Aber der technische Fortschritt, der Entfernungen verkürzt und Informationsbarrieren überspringt, wird das weltweite Gefühl dafür stärken und vereinheitlichen, was als Menschenrecht unverrückbar ist.

Eng mit den Menschenrechten verbunden ist auch das Streben nach Frieden. Wir haben seit 40 Jahren im Herzen Europas in Frieden leben dürfen. Dies war – gemessen an den Jahrhunderten davor – keine Selbstverständlichkeit. Um den Frieden muß immer wieder gerungen werden. Dabei ist Frieden nicht nur das Ziel, sondern immer auch der Weg dorthin. Zum dauerhaften Frieden ist nur fähig, wer Frieden im Inneren halten kann. Überzeugend für den Frieden eintreten kann nur, wer selbst friedfertig ist. Intoleranz ist die Mutter der Aggressivität, und diese bringt schnell Gewalt hervor. Das gilt für die zwischenmenschlichen Beziehungen und in gewissem Sinne auch für Völker und Staaten untereinander.

Dennoch brauchen wir eine glaubwürdige Abschreckung in Europa, einen Schutzwall gegen politische Erpressung sowie gegen jeglichen indirekten oder direkten militärischen Machteinsatz. Entspannung und Sicherheit sowie die Erhaltung des militärischen Gleichgewichts sind keine Gegensätze, sondern bedingen einander. Zum Frieden gehören aber immer auch Meinungsfreiheit, Versammlungsfreiheit, Pressefreiheit und Religionsfreiheit. Es kommt darauf an, auch zwischen den Staaten zu erreichen, daß nicht durch Gewalt, sondern nach dem Recht Konflikte gelöst werden. Wir wollen den Frieden in Freiheit und in Gerechtigkeit, denn nur ein solcher Frieden nach außen und innen entspricht der unantastbaren Würde des Menschen.

Erfülltes Leben

Stärker als heute werden die Menschen die Frage nach dem Sinn ihres Lebens stellen. Neue Gestaltungen im Arbeitsprozeß, teilweise revolutionäre Entwicklungen in den Technologien, der Wandel der Daseinsgestaltung in der nachindustriellen Dienstleistungsgesellschaft und neue Formen des menschlichen Zusammenlebens verstärken die Bereitschaft, solche Fragen zu stellen. In einer pluralistischen Gesellschaft werden immer viele Antworten möglich sein. Dabei darf das Gemeinwohl nicht aus den Augen verloren werden, das im wesentlichen auch von diesen Antworten bestimmt wird. Problematisch wäre es auch, den festen Boden zu verlassen, der bisher – beispielhaft im Christentum – unsere Vorstellungen von Humanität, Menschlichkeit und Würde des Menschen geprägt hat. In besonderer Weise sind die religiösen Gemeinschaften aufgefordert, den einzelnen bei der Beantwortung der Sinnfrage zu unterstützen. Dann kann jeder um so leichter den Weg zum eigenen Ich und zum Mitmenschen finden. Rücksichtnahme bis hin zur Nächstenliebe sind schwierige, aber künftig noch wichtigere Tugenden für das Leben in der Gemeinschaft.
Jeder wird lernen müssen, sich einzufügen und Geduld zu üben. Aber er soll damit nicht den Anspruch aufgeben, zu gestalten, zu verändern, sich schöpferisch selbst zu entfalten. Menschen, die es geschafft haben, zugleich Unveränderbares zu erkennen, haben alle Voraussetzungen,

ihrer Umgebung und sich selbst positiv und aufgeschlossen gegenüberzutreten. Niemandem soll hier die Berechtigung zum visionären Denken abgesprochen werden. Wie oft ist Fortschritt nur möglich geworden, weil Menschen immer wieder bereit waren, Eingebungen zu folgen und neue, noch verspottete Ideen zu verkünden.
Besonders wichtig für das Funktionieren einer Demokratie, wenn sie den fairen Interessenausgleich und den Schutz der Minderheiten im Auge behält, ist die Fähigkeit der Bürger, Probleme nicht nur auf die eigene Person zu beziehen, sondern immer wieder zu fragen, wie der Nachbar oder das Gegenüber die Sache sieht. Das führt zu mehr Toleranz und Verständnis und hilft zugleich, persönliche Reaktionen des anderen besser einzuschätzen und gemeinsam soziale Entwicklungen genauer aufzuspüren.
Mehr Freiheit bei gesicherter materieller Existenz wird dazu führen, daß mehr Menschen kulturell aufgeschlossen sind. Die Grenzen zur Unterhaltung sind allerdings fließend. Künftig wird der einzelne ein noch größeres Angebot haben, aus dem er auswählen kann. Unübersehbar sind jedoch die Gefahren für die Entwicklung von Kunst und Kultur, die mit der hohen Nachfragesteigerung einhergehen. Nicht auszuschließen ist, daß Kultur künftig stärker noch standardisiert und im Bestreben, sie zu vermarkten, verflacht und zu einem Massenprodukt wird. Demgegenüber bleibt die Forderung nach der Qualität von Kunst und Kultur. Wir werden diesen Anspruch künftig aufrechterhalten müssen, ohne das gleichzeitige Ziel aus den Augen zu verlieren, möglichst vielen Bürgern in allen Regionen die Teilhabe zu erleichtern. Die neuen Medientechnologien eröffnen die positive Perspektive, daß auch kulturelle Angebote für Minderheiten eine Chance erhalten und daß das kulturelle Angebot dem Unterhaltungsanspruch der Allgemeinheit ebenso gerecht wird wie dem Wunsch weniger nach Erlesenem oder Ausgefallenem. Wir müssen in Schleswig-Holstein den einzelnen Künstler, auch die Experimentierkunst, den einzelnen Interpreten und den Schöpfer kultureller Werte fördern und gleichzeitig eine Brücke schlagen zur Unterstützung aller Vereinigungen und Verbände, Einrichtungen und Organisationen, die Kunst anbieten, vermitteln und zugänglich machen. Wir müssen die Freiheit auch des künstlerischen Wettbewerbs achten und gleichzeitig Kunst und Kultur dort unterstützen, wo sie aus eigener Kraft sich nicht entfalten kann.
Ein besonders gutes Beispiel für die Erweiterung des kulturellen Lebens in unserem Lande ist das „Schleswig-Holstein-Musik-Festival". Diese private Initiative, die inzwischen begeisterte Unterstützung aus dem In-

und Ausland erfährt, will in allen Teilen des Landes musikalische Spitzenqualität anbieten, für die Schleswig-Holsteiner, die Gäste und für die Kulturschaffenden unseres Landes als Ansporn und Chance. Wenn Schleswig-Holstein künftig einmal im Jahr für einige Wochen Treffpunkt bedeutender Komponisten und Interpreten auf vielen Gebieten der Musik wird, fördert dies auch die kulturelle Aufgeschlossenheit der Bürger. Insbesondere die Bereitschaft international anerkannter Persönlichkeiten aus der Welt der Musik, bei uns im Rahmen des Festivals mit der Jugend zu arbeiten, kann nicht hoch genug eingeschätzt werden.
Ebenso wie die Menschen künftig intensiver Kunst und Kultur genießen wollen, wird auch der Wille zunehmen, selbst schöpferisch tätig zu sein. Beide Bedürfnisse haben ihre Berechtigung. Ihre Erfüllung setzt nicht nur ein großes Angebot voraus. Der einzelne Bürger bleibt aufgefordert, jede Chance zu nutzen, Kunst und Kultur ins eigene Haus hereinzuholen und sich aus eigenem Antrieb heraus selbst stärker zu beteiligen.

Zur Pflege und Förderung von Kunst und Kultur ist das Land als Teil der Kulturnation verpflichtet. Aktuelle Strömungen auch auf europäischer Ebene bestätigen die Notwendigkeit einer aktiven Kulturpolitik. Die Völker Europas finden zunehmend über die eigene Kultur den Zugang zu einem neuen Selbstverständnis. Erlebnis der Kulturlandschaft kann zu einer noch stärker verbindenden Klammer für die Menschen in Schleswig-Holstein werden. Die Achtung der Kultur unserer europäischen Mitbürger kann zu noch größerer Gemeinschaft durch das gegenseitige kulturelle Geben und Nehmen beitragen.
In der europäischen Kulturlandschaft wird nicht mehr überwiegend Altes durch Neues in einem ständig aufbauenden schöpferischen Prozeß ersetzt werden. Künftig wird noch stärker anerkannt werden, daß den technischen Möglichkeiten der Umgestaltung unserer Landschaft Grenzen gesetzt sind. Diese Grenzen liegen auch in den Wünschen und Bedürfnissen der Bewohner und in ihrer historisch-kulturellen Einbindung. Weil sie ein Brückenschlag zwischen der Geschichte und der Gegenwart sind, gilt den bedeutenden und teilweise einmaligen kunst- und kulturgeschichtlichen Zeugen unser ganz besonderes Interesse. Würden wir unsere Geschichtlichkeit aufgeben, würden wir unser Gesicht verlieren. Geschichtliches Bewußtsein ist ein unerläßlicher Wegweiser zur Beantwortung von Wertfragen, zur Standortbestimmung für unser Gemeinwesen und zum Bau von Wegen in die Zukunft.

Eine besondere Herausforderung stellt die Frage nach der Tragfähigkeit unserer freiheitlich demokratischen Grundrechtsordnung dar. Manche würden mehr Individualismus, andere mehr Demokratisierung, manche mehr Sozialstaat, andere stärkere Politisierung des Rechts fordern. Unser Grundgesetz läßt es zu, daß in der Ausgestaltung einzelner Bereiche recht unterschiedliche Antworten möglich sind. Unsere Verfassung läßt es dagegen nicht zu, daß elementare Freiheits- und Grundrechte in ihrem Kern angetastet werden. So ist die abwehrbereite Demokratie zu verstehen. So bleiben der einzelne Staatsbürger, die politischen Kräfte und die in Gemeinde, Stadt und Land Verantwortlichen aufgefordert, überzeugend durch Vorbild zu wirken. Verantwortungs- und wertorientiertes Handeln bietet die sicherste Gewähr, daß auch künftige Generationen mit unserem Staat und mit seiner Gesellschafts- und Rechtsordnung Zukunftsperspektiven verbinden.
Der Glaube an die politisch mögliche Erfüllung aller Hoffnungen und Wünsche ist ein Irrglaube. Die wirklichen Handlungsmöglichkeiten der Politik sind sehr viel kleiner, als viele Politiker vorgeben oder Interessengruppen häufig erwarten. Zunächst einmal ist im politischen Leben niemand allein. Jeder Handelnde – ob als Person oder Einrichtung – muß sich mit widerstreitenden Zielen auseinandersetzen. Dabei kommt es in der Demokratie darauf an, einerseits rechtmäßig zu handeln und andererseits von der Mehrheit Recht zu bekommen. Ferner führen der Fortschritt in Wissenschaft, Technik, Wirtschaft und die Weiterentwicklung von Wertmaßstäben dauernd zu neuen Fragen und Aufgaben. Natürlich soll Politik weit mehr als Krisenmanagement sein.

Politiker sollen durchaus pragmatisch handeln, aber sie müssen ein klares Wertsystem für ihre Überzeugungen haben und der Öffentlichkeit auch geistige Führung anbieten. Dabei ist außerpolitische Kreativität ebenso einzubeziehen wie viele andere Bedingungen für die Politik, zum Beispiel überregionale wirtschaftliche Einflüsse, aber auch Naturereignisse. Überhaupt ist eine Politik zum Scheitern verurteilt, die versucht, ohne Rücksicht auf die gewachsenen Gegebenheiten der Natur willkürlich zu wirken. Gerade für den Politiker sollte die tiefe stoische Weisheit von Bedeutung sein, die durch Reinhold Niebuhr verbreitet wurde: Er möge mit Gelassenheit Dinge hinnehmen, die er nicht ändern kann, den Mut haben, Dinge zu ändern, die sich ändern lassen, und die Klugheit, das eine vom anderen zu unterscheiden.
Die Umweltschutzbewegung bis hin zur Gründung einer Partei „Die Grünen" und ihr Einzug in den Bundestag und einige Landtage hat die

gerade von ihren Initiatoren mit vertretene These von der verkrusteten Starrheit und undemokratischen Exklusivität des Parteienwesens widerlegt: Gerade politische Fehlentwicklungen, von dieser Bewegung wenn nicht aufgedeckt, so doch popularisiert, haben im Ergebnis bewirkt, daß die Parteien sich stärker auf die Frage nach der Bedeutung der Natur in der Politik konzentrieren und „Die Grünen" selbst als konkurrierende Partei mit Aussichten und Wahlerfolgen auftreten konnten. Ein Eintritt in die Parteien mit dem Ziel der Mitgestaltung und Veränderung oder die Gründung konkurrierender Organisationen bleibt nach wie vor aussichtsreich. Andererseits haben die parlamentarischen Beiträge „Der Grünen" auch bewirkt, daß sie in ihrem Kompetenzanspruch inzwischen sehr viel bescheidener auftreten und mehr Selbstzweifel zeigen und selbst Anhänger ihr Wirken inzwischen weniger euphorisch sehen. Das Bewußtsein, daß Politik sehr viel komplizierter ist, um sie auf einfache Scheinformeln bringen zu können, sollte niemanden enttäuschen, sondern besonders junge Menschen eher zu der Erkenntnis führen, daß sie inzwischen einen besseren Zugang zum Wesen der Politik haben.

Sinnstiftende Politik für die Zukunft kann nur heißen, die Würde des Menschen und seine Einbindung in Natur und Geschichte in den Mittelpunkt aller Überlegungen zu stellen. Die Würde des Menschen wahren, heißt, seine Freiheit zu achten und zu schützen. Die Gestaltungsfreiheit der Bürger soll vor unachtsamem Verwaltungsvollzug bewahrt, ihre Persönlichkeitsrechte sollen gegen Datenmißbrauch geschützt werden. Die Freiheit des einzelnen Bürgers wird durch die Anwendung des in seinem Namen gesetzten Rechtes verteidigt, das Recht auf die Entfaltung der Persönlichkeit wiederum durch Förderung von Leistung und Eigenverantwortung.

„Tosamende ungedelt", dieser Wahlspruch der Ritter seit 1460, hat Schleswig-Holstein die Einheit gebracht. Schleswig-Holstein ist ein Land mit einer wechselvollen Vergangenheit. Die Kräfte und Tugenden, die die Schleswig-Holsteiner immer wieder beflügelt haben, in der Geschichte mit ihren oft schweren Problemen fertig zu werden, müssen als Verpflichtung für die Gestaltung der Gegenwart und die Bewältigung der Zukunft genutzt werden. „Tosamende ungedelt", das ist für 1986 und später die Aufforderung an jeden, mit ungebrochenem Freiheitsbewußtsein in Solidarität zusammenzustehen und Gerechtigkeit und Menschenwürde zum Gebot des Handelns im öffentlichen und persönlichen Leben zu machen.

Der Autor

Dr. Uwe Barschel, geboren am 13. Mai 1944 in Glienicke bei Berlin. Nach dem Abitur in Geesthacht studierte er in Kiel Jura, Volkswirtschaft, Politische Wissenschaften und Pädagogik. 1968 legte er die Erste Juristische Staatsprüfung ab, machte 1970 seinen Dr. jur. und 1971 die Große Juristische Staatsprüfung. Ebenfalls 1971 promovierte er zum Dr. phil. Von 1969 bis 1970 war er Lehrbeauftragter an der Pädagogischen Hochschule in Kiel, 1971 zunächst Gerichtsassessor, danach Rechtsanwalt und Notar.

1970 bis 1974 war er Kreistagsabgeordneter (bis 1972 zugleich Kreisrat) im Kreis Herzogtum Lauenburg. Seit 1971 ist er Mitglied des Schleswig-Holsteinischen Landtages. Von 1971 bis 1973 war er Parlamentarischer Vertreter des Kultusministers und Regierungsbeauftragter für Jugend und Sport. Die CDU-Landtagsfraktion betraute ihn vom 15. 5. 1973 bis zum 8. 1. 1979 mit dem Fraktionsvorsitz. Am 1. 1. 1979 trat er als Finanzminister in die Landesregierung ein und wurde am 1. 7. 1979 Innenminister. Zum Ministerpräsidenten wurde er am 14. 10. 1982 gewählt.